De Moeder van zoete Gelukzaligheid

Door Swami Amritaswarupananda

Mata Amritanandamayi Center, San Ramon
Californië, Verenigde Staten

De Moeder van zoete Gelukzaligheid
Een boek voor jonge lezers en al wie jong van hart is

Uitgegeven door:
Mata Amritanandamayi Center
P.O. Box 613
San Ramon, CA 94583
Verenigde Staten

─────────────── *Mother of Sweet Bliss* *(Dutch)* ────────────

Copyright © 2004 Mata Amritanandamayi Center, San Ramon, Californië, V.S.

Alle rechten voorbehouden. Niets uit deze uitgave mag worden verveelvoudigd, opgeslagen in een geautomatiseerd gegevensbestand, of openbaar gemaakt, in enige vorm of op enige wijze, hetzij elektronisch, mechanisch, door fotokopieën, opnamen, of op enige andere manier, zonder voorafgaande schriftelijke toestemming van de uitgever.

Eerste druk door het MA Center: mei 2016

In Nederland:
  www.amma.nl
  info@amma.nl

In België:
  www.vriendenvanamma.be

In India:
  www.amritapuri.org
  inform@amritapuri.org

Inhoud

Deel 1. Biografie	**5**
Het Goddelijke Kind	7
De kleine Heilige	17
Werkend als dienstmeisje	27
Verlangen naar Krishna	35
Krishna Bhava	43
De wonderen van Sudhamani	51
Het kind van de Goddelijke Moeder	57
Trouwe vrienden	67
De Moeder van zoete Gelukzaligheid	77
Probleemmakers	85
De wereld omhelzen	95
Deel 2. Ervaringen van Moeders kinderen	**101**
Krishna's Kroon	102
Dattan de melaatse	103
Moeder geneest een verlamde jongeman	105
De operatie van Krishnan Unni	106
Een klein meisje komt weer tot leven	107
Het vertrouwen van een kind	108
De mangoboom	109
Een bloem voor Krishna	110
Jason	111
Deel 3. Uitspraken van Moeder	**113**

Deel 1

Biografie

Hoofdstuk 1

Het Goddelijke Kind

De Moeder van zoete Gelukzaligheid

In India, aan de zuidkust van Kerala, ligt een piepklein dorpje dat Parayakadavu heet. Het ligt op een smalle strook land die bedekt is met kokospalmen, tussen de Arabische Zee aan de ene kant en de backwaters aan de andere kant. De mensen uit dit dorp zijn sinds mensenheugenis vissers. Er zijn veel verhalen over de heiligheid en grootheid van Parayakadavu die tot oude tijden teruggaan.

In dit plaatsje kwam vele jaren geleden een dertien jaar oude jongen, Sugunanandan Idammanel genaamd, thuis van school. Hij klom met zijn neef in een cashewboom en ze waren de verrukkelijke cashewvruchten aan het eten, toen ze plotseling een monnik met lang haar en een lange, golvende baard onder de boom zagen lopen. Hij droeg de traditionele oranje kleding van een hindoemonnik. Ze hadden hem nooit eerder gezien en waren zeer verwonderd omdat zijn gezicht een prachtig licht uitstraalde. De monnik barstte plotseling in een vrolijk gelach uit en zei hardop tegen zichzelf: "Veel monniken zullen hier *samadhi* (eenheid met God) bereiken. Ze zullen God zien. Dit zal een heilige plaats worden!" De monnik lachte uiterst gelukkig en vervolgde zijn weg. Ze hebben hem nooit meer teruggezien.

Sugunanandan en zijn neef stonden voor een raadsel. Wat zou de monnik bedoeld hebben toen hij zei dat deze plaats, het huis van Sugunanandans familie, op een dag een heilige plaats zou worden? Pas vele jaren later begreep Sugunanandan de betekenis van die woorden.

Sugunanandans familie behoorde tot een geslacht van vissers. Ze waren generaties lang vissers geweest en waren zeer religieus.

Toen Sugunanandan ouder werd, werd hij vishandelaar. Hij verkocht de vis die de vissers op zee vingen. Hij trouwde met Damayanti, een jonge vrouw uit een dorp in de buurt. Damayanti kwam ook uit een erg religieus gezin.

Damayanti en Sugunanandan hadden acht kinderen, vier jongens en vier meisjes. Toen Damayanti van haar derde kind in verwachting was, begon ze vreemde, wonderlijke dromen te krijgen. In deze dromen verschenen Heer Krishna, Heer Shiva en de Goddelijke Moeder aan haar. Op een keer droomde ze dat een mysterieus wezen haar een prachtig beeld van Krishna van zuiver goud gaf. Sugunanandan had ook een droom waarin hij de Goddelijke Moeder zag. Sugunanandan en Damayanti spraken met elkaar over hun dromen en vroegen zich af wat ze konden betekenen. Ze dachten dat er misschien iets heel speciaals in hun leven zou gaan gebeuren. Ze hadden er geen besef van wat God met hen van plan was.

Op een nacht had Damayanti een zeer mooie droom. Ze droomde dat ze het leven schonk aan een kind dat mooier was dan ieder ander kind op aarde. Dat kind was Krishna. Ze hield het Goddelijke Kind in haar armen. Damayanti verwachtte nog niet dat haar kind spoedig geboren zou worden. Als haar tijd kwam, was ze van plan naar het huis van haar ouders te gaan en daar te bevallen. Maar toen ze de volgende dag op het strand werkte, kreeg ze plotseling sterk het gevoel dat ze naar huis moest gaan. Ze hield op met werken en ging alleen naar huis. Ze realiseerde zich toen dat ze op het punt stond te bevallen.

In die tijd leefden Damayanti en haar man in een eenvoudige hut. Zodra Damayanti in de hut was, ging ze op een strooien mat liggen en werd het kindje geboren. Het ging heel snel en Damayanti voelde geen pijn. Ze merkte op dat het kind niet huilde zoals baby's gewoonlijk doen wanneer ze geboren worden. Damayanti keek naar het kindje en zag dat het een meisje was. Ze was zeer verwonderd toen ze de stralende glimlach op het gezicht van de baby zag. Ze zou de manier waarop het kind naar haar keek nooit vergeten. Het was een blik die alles scheen te weten, een blik die zo krachtig en zo liefdevol was, dat het haar diep in haar hart raakte.

Een buurvrouw die toevallig voorbijkwam, keek door de deuropening naar binnen. Zodra ze besefte wat er gebeurd was, ging ze naar binnen en zorgde voor Damayanti en de pasgeboren baby.

Zo werd 's morgens op 27 september 1953 de Heilige Moeder geboren in een simpele hut van gevlochten palmbladeren. Niet ver van de hut dansten de golven van de oceaan vrolijk tegen de kust en in de nabije backwaters klotsten de kleine golfjes zachtjes tegen de oever. Het klonk alsof Moeder Natuur een slaapliedje zong om het pasgeboren kind te verwelkomen.

Het kleine meisje vertoonde veel tekenen van een goddelijke kind, tekenen die niemand toen begreep. Ze lag met haar benen over elkaar in een lotushouding en haar vingertjes vormden een *mudra*, wat een heilig teken is. Het kind was donkerder dan de andere gezinsleden en haar huid had een donker-blauwe tint. Haar ouders waren hierover verbaasd. Ze dachten dat er iets mis was met haar. Ze gingen naar verschillende dokters, maar de dokters begrepen niet waarom de huid van de baby zo blauw was. Ze dachten dat ze aan een vreemde, onbekende ziekte leed. Ze zeiden Damayanti dat ze het kind zes maanden lang niet in bad moest doen. Ze dachten dat dit de huidskleur van het kind op de een of andere manier normaal zou maken. Damayanti deed precies wat de dokters haar verteld hadden, maar het hielp niet. De huid van de baby behield lange tijd zijn blauwe tint.

De ouders gaven hun dochter de naam Sudhamani, wat 'Zuiver Juweel' betekent. Ze was een zeer ongewoon kind. In tegenstelling tot andere kinderen begon ze te praten toen ze slechts zes maanden oud was. Ze begon toen ook te lopen. Voordat een baby leert lopen, kruipt hij eerst een paar maanden en wanneer het kind ongeveer een jaar oud is, heeft hij geleerd hoe hij op moet staan en moet lopen. Maar Sudhamani was anders. Ze sloeg het kruipstadium helemaal over. Op een dag toen ze zes maanden oud was, zat ze op de veranda van het nieuwe huis dat het gezin juist gebouwd had. Plotseling stond ze op en liep over de veranda. Kort daarop verbaasde ze iedereen toen ze begon te rennen.

Vanaf het allereerste begin hield Sudhamani ontzettend veel van Heer Krishna. Zodra ze had leren praten, begon ze de naam 'Krishna, Krishna' alsmaar te herhalen. Toen ze pas twee jaar oud was, begon ze tot de Heer te bidden. Ze hield ervan kleine liedjes voor hem te zingen, liedjes die ze zelf gemaakt had. Ze zong iedere dag tot Krishna. Toen ze vier jaar was, zong ze haar liedjes met intense liefde en devotie voor een kleine afbeelding van Krishna. Die afbeelding was haar grootste kostbaarheid. Ze had hem altijd bij zich, weggestopt in haar bloes. Ze haalde hem vaak tevoorschijn en keek er telkens weer naar.

Haar liefde voor de Heer bleef toenemen. Toen ze vijf jaar was, stroomde haar hart over van devotie. Haar prachtige manier van zingen werd in de hele buurt bekend. Steeds wanneer ze haar liederen zong, staarde ze naar de kleine afbeelding van Krishna. Ze werd het nooit moe ernaar te kijken.

Sudhamani dacht vaak zoveel aan de Heer, dat ze eenvoudig alles om zich heen volledig vergat. Haar ouders troffen haar helemaal alleen zittend ergens aan. Ze zat absoluut stil met haar ogen dicht. Soms troffen ze haar zittend naast de backwaters aan, naar het water starend of stil omhoog starend naar de blauwe lucht. Ze leek in een andere wereld te zijn.

Maar in plaats van dit zeer bijzondere kind te waarderen, keerde het hele gezin zich tegen haar, omdat ze zo anders was en ook omdat haar huid donkerder was dan die van hen.

Haar ouders begrepen haar intense devotie voor de Heer niet. Ze vonden het niet normaal. Ze konden niet begrijpen waarom hun dochtertje de hele tijd tot Krishna zong, vaak alsmaar onder het zingen in een cirkel ronddanste en zich dan niet bewust was van de wereld om zich heen. Steeds wanneer ze in een toestand van gelukzaligheid kwam, wat vaak voorkwam, dachten ze dat ze een dwaas spelletje speelde. Ze gaven haar op haar kop, omdat ze niet als de andere kinderen was. Ze behandelden haar vaak heel slecht, voeren tegen haar uit en sloegen haar om niets. Als haar ouders familieleden gingen bezoeken of aan een religieus festival deelnamen, namen ze gewoonlijk alle kinderen mee, behalve Sudhamani. Ze zeiden haar dat ze thuis moest blijven om op het huis en de dieren te passen. Ze was voor hen niet meer dan een dienstmeisje. Het was alsof ze niet echt bij het gezin hoorde. Maar Sudhamani klaagde niet. Ze was graag alleen en het was voor haar een mooie gelegenheid om aan Sri Krishna te denken.

Er stond een koeienstal naast het huis. Sudhamani zat daar heel graag helemaal alleen, met alleen de koeien als gezelschap. Daar zong ze haar liederen voor Krishna en mediteerde en bad tot hem met haar hele hart en ziel. Sudhamani voelde zich gelukkig in de koeienstal. Ze hield van de koeien zoals de jonge Goddelijke Koeienherder, Krishna, eens van hen gehouden had.

Sudhamani ging voor het eerst naar school toen ze vijf was. Hoewel ze erg jong was, merkten haar leraren spoedig op dat ze opmerkelijk intelligent was. Ze hoefde een les maar één keer te horen om zich alles te herinneren wat er gezegd was. Ze kon ook gemakkelijk alles wat ze gelezen had herhalen. Toen ze in de tweede klas zat, luisterde ze soms naar een les die gegeven werd aan de oudere kinderen in de hogere klassen, en na afloop kon ze ook die lessen gemakkelijk opzeggen. De oudere kinderen, inclusief haar oudere broer en zus, werden soms door de leraar gestraft, omdat ze een gedicht niet van buiten konden leren. Maar

Sudhamani, die veel jonger was, zong dat gedicht blij terwijl ze als een tere vlinder op de melodie danste. De leraren waren erg gek op haar. Ze waren verbaasd over haar ongebruikelijke geheugen. Zoiets hadden ze nog nooit meegemaakt. Ze kreeg de hoogste cijfers voor ieder vak. Ze was de beste leerling in haar klas, hoewel ze vaak gedwongen was thuis te blijven om haar moeder met het huishouden te helpen.

Sudhamani was vol leven en energie. De dorpelingen noemden haar liefdevol 'Kunju' (de kleine). Ze hielden van haar om haar edele karakter – haar intense devotie voor de Heer, de manier waarop ze van al Gods schepselen hield, om haar vriendelijkheid tegenover de armen en de mensen die leden, en haar lieve, melodieuze zang. Ze kon ook heel goed naar mensen luisteren. Degenen die haar ontmoetten, ervoeren dat hun hart openging wanneer ze met haar spraken. Ze vertelden haar al hun problemen, hoewel ze nog erg jong was. Zelfs vreemdelingen voelden zich tot haar aangetrokken zodra ze haar zagen.

Sudhamani stond iedere morgen op, lang voordat de zon opging en begroette de Heer met haar lied. Alle buren vonden de stem van het meisje zo zuiver, lief en bekoorlijk dat ze iedere ochtend probeerden vroeg op te staan, zodat ze haar de Heer en de nieuwe dag konden horen begroeten.

Veel van Sudhamani's mooiste liederen waren droevige liederen, omdat ze over haar verlangen naar Krishna zong. Het was voor haar uiterst pijnlijk dat ze van de Heer gescheiden was. In haar liederen riep ze naar hem, ze smeekte hem naar haar toe te komen en vertelde hem hoe sterk ze ernaar verlangde hem te zien. Steeds wanneer ze die liederen zong, liepen er tranen over haar wangen. Ze huilde en huilde totdat ze het gevoel had dat haar hart zou breken. De buren maakten zich zorgen wanneer ze dit zagen en sommigen probeerden haar te troosten. Maar alleen Krishna kon de kleine troosten. Alleen Krishna kon haar gelukkig maken. De dorpelingen begrepen dat Sudhamani in een andere wereld was.

Maar haar familie had weinig sympathie voor haar en behandelde haar vaak slecht.

Hoewel haar vader haar vaak mishandelde, voornamelijk omdat hij haar niet begreep, hield hij diep in zijn hart erg veel van zijn dochter. Soms voelde Sudhamani een intens verlangen alles achter zich te laten, haar huis te verlaten, haar familie en alles wat ze kende, en alleen maar de hele tijd over Krishna te mediteren. Ze dacht aan de heilige Himalaya's, waar de yogi's in grotten zaten en de hele dag mediteerden. Op een avond zei ze tegen haar vader: "Vader, breng me naar een eenzame plek! Breng me naar de Himalaya's!" en ze begon te huilen. De Himalaya's liggen erg ver weg, in het meest noordelijke deel van India, en dus kon hij haar daar natuurlijk niet heen brengen. Maar enkel om haar te laten ophouden met huilen hield hij haar tegen zijn schouders en zei: "Ik zal je daar spoedig heen brengen. Slaap nu een beetje mijn kind." Sudhamani voelde zich getroost en viel in slaap met haar hoofd op zijn schouder. Ze geloofde dat hij haar daar meteen heen zou brengen. Maar toen ze even later wakker werd, begon ze weer te huilen, omdat ze zag dat hij haar niet naar de Himalaya's gebracht had en dat ze nog steeds in hun kleine vissersdorpje, omgeven door kokospalmen waren.

Als Sudhamani 's nachts niet kon slapen en erop stond in de binnenplaats te mediteren, bleef haar vader op en waakte over haar om er zeker van te zijn dat ze in veiligheid was.

Hoofdstuk 2

De kleine Heilige

Sudhamani ging slechts vier jaar naar school. Toen ze tien jaar was, kreeg haar moeder last van reumatiek, wat betekende dat Sudhamani thuis moest blijven en al het huishoudelijk werk moest doen. Ze had haar moeder altijd al veel geholpen, maar nu moest ze plotseling al het werk alleen doen.

Sudhamani moest iedere ochtend om drie uur opstaan. Wanneer ze erg moe was, versliep ze zich soms per ongeluk. Als dit gebeurde, werd haar moeder kwaad en maakte haar wakker door een kruik koud water over haar hoofd te gieten.

Sudhamani werkte hard van 's morgens vroeg tot 's avonds laat. Ze maakte het huis schoon en veegde de binnenplaats. Ze moest helemaal naar de put in het dorp gaan om drinkwater te halen. Ze kookte voedsel voor het gezin, schrobde de potten en pannen, waste de kleren van iedereen, zorgde voor de koeien en melkte hen, en zorgde voor de geiten en eenden. Zelfs voor een volwassene zou dit een erg zware taak geweest zijn en Sudhamani was pas een kind. Maar ze klaagde nooit, zelfs niet een beetje. Hoewel ze de hele dag aan het werk was, waren haar gedachten altijd bij Krishna. Ze vergat hem zelfs geen moment. Haar lippen bewogen altijd terwijl ze de naam 'Krishna, Krishna' onophoudelijk herhaalde. Als ze iemand de naam 'Krishna' maar hoorde noemen, voelde ze zoveel liefde in haar hart dat er tranen in haar ogen kwamen.

Wat voor werk Sudhamani ook deed, ze stelde zich altijd voor dat ze het voor de Heer deed. Ze deed alles voor hem. Als ze de kleren van het gezin waste, stelde ze zich voor dat ze Krishna's kleren waste. Wanneer ze kleren op de waslijn te drogen hing, deed ze alsof het Krishna's gele zijden kleren waren die in de zon schitterden. Wanneer ze haar broertjes en zusjes voor school aankleedde, stelde zich voor dat het Krishna en zijn broer Balarama waren. Wanneer ze de koeien verzorgde, dacht ze aan de Goddelijke Koeienherder, Gopala Krishna, die op de velden en in de bossen van Vrindavan voor de koeien zorgde.

Ze droeg nog steeds haar kleine afbeelding van de Heer met zich mee, waar ze ook heen ging, en ze keek er vaak naar. Ze drukte de afbeelding dicht tegen zich aan en kuste die en dan begon ze te huilen, omdat ze er zo naar verlangde de echte Krishna te zien en bij hem te zijn. Ze huilde totdat het plaatje nat was van haar tranen. Ze wist dat er niets mooier was dan Krishna en dat hij meer liefdevol was dan alle mensen in de wereld bij elkaar. Ze verlangde er met haar hele hart naar hem te zien, met hem te spelen en met hem te dansen. Ze wilde voor altijd bij hem zijn.

Sudhamani moest vaak water halen, kleren wassen en door de backwaters waden om gras voor de koeien te plukken. Hierdoor waren haar kleren gewoonlijk nat. Ze moest dikwijls zware potten met water en hete rijstgruwel voor de koeien dragen, die ze op de Indiase manier op haar hoofd droeg. Hierdoor viel haar haar op de bovenkant van haar hoofd uit.

Hoewel Sudhamani erg hard werkte en altijd haar best deed, gaf haar moeder haar vaak op haar kop en sloeg ze haar voor het kleinste foutje. Jaren later, toen Sudhamani volwassen was en op haar jeugd terugkeek, zei ze: "Damayanti was in zekere zin mijn guru[1]. Ze leerde me zelfdiscipline en hoe ik alles met veel zorg moest doen. Als er een enkel strootje uit de bezem viel als ik de binnenplaats aan het vegen was, of als er nog een piepklein beetje vuil op de grond lag nadat ik de binnenplaats geveegd had, werd ik gestraft. Ik werd ook gestraft als er toevallig een stofdeeltje of wat as in de pot viel, als ik op het vuur aan het koken was, of

---

[1] Een guru is een spiritueel leraar.

als er het geringste spoortje vuil gevonden werd in een pot nadat ik de vaat gedaan had. Soms sloeg Damayanti me zelfs met een houten stamper. Als andere mensen zagen hoe slecht ik behandeld werd, zeiden ze tegen Damayanti: 'Straf haar alsjeblieft niet zo,' maar Damayanti luisterde niet naar hen."

Soms probeerde Damayanti Sudhamani bang te maken. Ze zei: "Hier komt een geest! Hij komt je halen!" Maar niemand kon de kleine bang maken, omdat ze voor niets bang was. Ze was erg moedig.

Er was een oude vrouw in het dorp die Apisil heette en die graag kleine kinderen bang maakte. Als de kinderen ongehoorzaam waren, riepen hun ouders Apisil om hen bang te komen maken, zodat ze zich beter zouden gedragen. Op een dag vroeg Damayanti Apisil te komen om Sudhamani schrik aan te jagen. De oude vrouw bedekte haar hoofd met een zak en sloop naar het raam waar Sudhamani zat. Toen sprong Apisil, die er vreselijk uitzag, op en neer en huilde en schreeuwde en deed alles wat ze kon om de kleine bang te maken. Maar Sudhamani was helemaal niet bang. Ze keek dapper door het raam naar buiten naar het springende, schreeuwende monster en zei: "Ga weg! Ik weet wie je bent. Je bent gewoon Apisil. Probeer me niet bang te maken!" Damayanti riep Apisil een paar keer, maar de kleine was nooit bang.

Sudhamani's oudere broer, Subhagan, was zo'n slechtgehumeurde jongen, dat het hele gezin en zelfs de dorpelingen bang voor hem waren. Hij was er trots op dat hij niet in God geloofde. Hij dacht ook dat jongens beter waren dan meisjes en dat meisjes gezien, maar niet gehoord moesten worden. Hij was vooral wreed tegenover Sudhamani en zocht altijd naar een excuus om haar voor iets te straffen. Hij kon haar devotie voor Krishna en de manier waarop zij tot de Heer zong, niet uitstaan. Alleen al haar te horen maakte hem kwaad.

Omdat Sudhamani de hele dag tot 's avonds laat aan het werk was, had ze pas 's nachts tijd om alleen te zitten en de Heer te aanbidden. Tegen die tijd was de olielamp in de *puja*kamer[2] reeds uitgegaan. En dus zat Sudhamani in het donker en zong haar liederen. Wanneer Subhagan merkte wat ze deed, werd hij kwaad op haar omdat ze zo in het donker zat en schreeuwde hij tegen haar. Sudhamani zei tegen hem: "Jij kunt alleen het uiterlijke licht zien, maar diep in mij is een licht dat nooit uit kan gaan!" Subhagan begreep niet dat ze het over het Goddelijke Licht had, een licht dat helderder en mooier is dan elk ander licht, en dat dit licht altijd diep in haar scheen.

Als onderdeel van haar huishoudelijk werk bezocht Sudhamani vaak de huizen van de buren om groenterestjes en rijstgruwel voor de koeien te verzamelen. Sudhamani luisterde geduldig naar de vele droevige verhalen van de oudere mensen die daar woonden. Ze vertelden haar vaak dat hun volwassen kinderen en kleinkinderen, die eens voor hun gezondheid en een lang leven voor hen gebeden hadden, hen nu verwaarloosden en slecht behandelden. De oude mensen waren erg eenzaam en hadden niemand om mee te praten. Sudhamani luisterde met grote aandacht naar hen. Ze had zo met hen te doen. Ze probeerde altijd wat tijd bij de ouderen door te brengen, omdat niemand van hen hield of zich om hen bekommerde. Toen ze hun verhalen hoorde, begon ze te begrijpen hoe egoïstisch mensen zijn en dat er bijna geen echte liefde of echt mededogen in de wereld te vinden is.

Maar Sudhamani's hart was vol mededogen. Haar hart ging uit naar degenen die bedroefd, arm en eenzaam waren. Hoewel ze pas een kind was, deed ze wat ze kon om het lijden van haar oudere buren te verlichten. Soms, wanneer er niemand thuis was, ging ze een verwaarloosde oude vrouw halen en nam haar mee

---

[2] In Indiase huizen is vaak een speciale kamer voor aanbidding die pujakamer genoemd wordt.

naar huis. Ze gaf het oudje liefdevol een warm bad, kleedde haar in kleren die van haar familie waren en gaf haar te eten met het eten dat ze kon vinden.

Wanneer Sudhamani te weten kwam dat er iemand in het dorp niet voldoende te eten had, probeerde ze steeds hem te helpen. Ze nam wat geld uit de geldbus van haar moeder en kocht wat voedsel voor hen. Als dat niet mogelijk was, zeurde ze koppig bij haar vader totdat hij haar wat geld gaf. Als dit ook niet lukte, nam ze wat rauwe groenten en rijst uit de voorraadkamer en gaf dit aan het noodlijdende gezin. Op een dag werd ze op heterdaad betrapt, toen ze wat geld voor een hongerlijdende man wegnam. Hoewel ze hard geslagen werd, ging ze heimelijk door met het geven van voedsel aan de armen, omdat ze er niet tegen kon iemand te zien lijden.

Wanneer ze melk wegnam, voegde ze water aan de overblijvende melk toe om het verschil aan te vullen, zodat niemand kon zien dat er iets ontbrak. Damayanti wist niet dat het eten en de melk die Sudhamani wegnam, aan de arme gezinnen gegeven werd waarover zij zich ontfermd had.

Soms kwam Sudhamani kinderen tegen die ondervoed waren en alleen ronddwaalden, omdat hun ouders niet in staat waren goed voor hen te zorgen. Zij nam hen dan mee naar haar huis, gaf hun te eten, waste hen en bracht hen dan weer naar hun huis.

Sudhamani's broers en zussen maakten misbruik van haar goedhartigheid. Ze stalen vaak hapjes uit de keuken en wanneer Damayanti zag dat er iets ontbrak, wezen ze naar Sudhamani en zeiden: "Zij heeft het gedaan!" Hoewel Sudhamani wist wie de echte dieven waren, zei ze niets om zich te verdedigen. Ze hield gewoon haar mond en liet Damayanti haar straffen voor wat de anderen gedaan hadden. Soms kregen haar broers en zussen spijt over wat ze gedaan hadden en bekenden ze aan hun ouders dat de kleine onschuldig was. Sudhamani's ouders vroegen haar dan waarom ze de schuld en straf op zich genomen had zonder iets te zeggen om zich te verdedigen. Sudhamani zei dan: "Ik vind het niet erg voor anderen te lijden, voor de fouten die ze in hun onwetendheid begaan hebben."

Op een dag kwam Sudhamani een zeer arm gezin tegen. Ze hadden niets te eten. Sudhamani wilde hen vreselijk graag helpen. Ze probeerde wat eten voor hen te vinden, maar er was thuis niets en ze kon ook geen geld vinden. Ze vond dat ze het gezin niet gewoon honger kon laten lijden. Daarom nam ze een gouden armband van haar moeder en gaf die aan hen. Toen haar vader thuiskwam en erachter kwam wat ze gedaan had, ontplofte hij van woede. Hij bond de kleine aan een boom en sloeg haar met een zweep totdat haar kleine magere lichaam bloedde.

Hoewel Sudhamani zo behandeld werd, nam ze niemand iets kwalijk. Ze hield zoveel van God, dat ze wel van iedereen moest houden. Ze hield zelfs van degenen die haar slecht behandelden. Ze voelde dat iedereen een deel van God was. Ze geloofde dat alles wat haar overkwam, Gods wil was, zelfs als het pijnlijk was. En dus accepteerde ze het. In plaats van kwaad te worden, wendde ze zich door haar lijden steeds meer tot haar geliefde Krishna. Het deed haar meer naar hem verlangen dan naar wat ook in de wereld. Ze kwam tot het inzicht dat alleen God haar ware vriend was en dat alleen God haar echte Moeder en Vader was.

Omdat Sudhamani dezelfde liefde voor iedereen voelde, noemde ze alle vrouwen 'moeder' en alle mannen 'vader'. Haar vader, Sugunanandan, vond dit niet leuk. Hij gaf haar op haar kop omdat ze andere mensen moeder en vader noemde. De kleine zei tegen hem: "Ik heb mijn echte Moeder en Vader nooit gezien, daarom vind ik dat iedereen mijn moeder en vader is.

Hoewel de dorpelingen gek waren op Sudhamani, was ze met niemand speciaal bevriend. Ze vond dat Krishna haar beste vriend was. Ze had ook een speciale liefde voor dieren. Als ze naar de koeien, geiten, honden, vogels en alle andere schepsels keek, kon ze haar geliefde Krishna in hen allemaal zien stralen. Ze praatte met de dieren waarbij ze zich voorstelde dat ze Krishna waren. Op deze manier vertelde ze de Heer al haar problemen. Wanneer er een koe lag te rusten, ging Sudhamani er soms naast liggen. Ze nestelde zich dicht tegen de koe aan en legde haar hoofd op haar lichaam en stelde zich voor dat ze in Krishna's schoot lag.

De kleine Heilige

Hoofdstuk 3

Werkend als dienstmeisje

De jaren gingen voorbij en Sudhamani ging door met werken voor haar familie. Maar altijd, dag en nacht, waren haar gedachten bij Haar geliefde Krishna. Sudhamani was nu dertien jaar oud.

In dit gebied was het moeilijk om aan bedienden te komen. Toen Sudhamani's familieleden een dienstmeisje nodig hadden, besloot men dat Sudhamani voor haar grootmoeder en haar tantes en ooms zou gaan werken.

Het huis van haar grootmoeder lag op een afstand van zes kilometer. Om daar te komen kon men of per boot gaan of over het strand lopen. Iedere dag reisde Sudhamani van en naar het huis van haar grootmoeder in een kleine veerboot. Als ze in de boot zat, genoot ze er enorm van naar beneden in het blauwe water te kijken en zich voor te stellen dat ze Krishna naar haar kon zien glimlachen in het water. Sudhamani herhaalde graag de heilige klank 'Om' samen met het dreunende geluid van de motor van de boot. Wanneer ze dit deed, stroomde haar hart over van zoveel vreugde, dat ze weldra in een lied uitbarstte. De andere passagiers in de boot genoten erg van haar gezang.

Op een dag hield Damayanti op haar geld te geven voor de boottocht. "Je kunt even goed lopen," zei ze tegen Sudhamani. De kleine was hier helemaal niet verdrietig over. Ze zei tegen zichzelf: "Er is voor mij geen reden om ongelukkig te zijn. Nu ik de hele weg moet lopen, heb ik in die tijd de mogelijkheid alleen te zijn en dan kan ik aan God denken."

Dus de volgende morgen begon ze langs het strand naar het huis van haar grootmoeder te lopen. Steeds wanneer Sudhamani

Werkend als dienstmeisje

naar de oceaan luisterde, klonk het alsof de golven de heilige klank 'Om' herhaalden. Toen ze deze ochtend over het strand liep, hoorde ze de golven weer langzaam "Om... Om... Om..." zingen. Daardoor voelde ze zich zo dicht bij God, dat ze door gelukzaligheid overmand werd. Onder het lopen begon ze een lied tot de Heer te zingen. Als ze naar de oceaan keek, herinnerde het blauwe water haar aan de blauwgekleurde Krishna. Ze keek omhoog naar de lucht waar zachte, blauwgrijze wolken voorbijdreven. Hun kleur herinnerde haar ook aan hem. Toen ze naar de zee en de lucht staarde, begon ze zo heftig naar de Heer te verlangen dat ze in tranen uitbarstte. Haar geest was zo vol van Krishna dat ze de wereld om zich heen volledig vergat. Opnieuw keek ze over het water uit, maar alles wat ze kon zien was Krishna. En wat was hij mooi! Krishna was in iedere golf van de oceaan. Sudhamani strompelde naar de rand van het water en probeerde de golven te omhelzen, omdat ze dacht dat ze Krishna omhelsde. Met kletsnatte kleren liep ze dan verder over het strand en riep luid zijn naam. "Krishna, O Krishna!" riep ze telkens weer. Ze was zo vol liefde voor hem, dat ze niet meer wist wat ze deed. Haar stappen werden steeds langzamer totdat ze uiteindelijk stilstond en op het zand viel. Daar lag ze, niet wetend waar ze was. Ze kon het zand, de zee of de lucht niet zien, er was alleen maar Krishna. De Heer was overal en zij baadde in gelukzaligheid. Ze was vergeten dat ze naar het huis van haar grootmoeder moest gaan. Als ze zich een paar uur later eindelijk herinnerde waar ze was, stond ze op en vervolgde haar weg. Het gebeurde vaak dat ze op deze manier te laat was.

In het huis van haar grootmoeder kreeg Sudhamani veel werk te doen. Ze deed haar best en werkte zo hard ze kon. Haar grootmoeder was erg blij met haar en behandelde haar vriendelijk. Op een dag werd de kleine naar een graanpellerij gestuurd om rijst te pellen. Op weg daarheen kwam ze door een dorp waar veel gezinnen zo arm waren, dat ze niet genoeg te eten hadden. Sudhamani's hart brak toen ze zag hoe zij leden. Toen ze later van de pellerij naar huis liep, kwam ze een gezin tegen dat drie dagen niets gegeten had. Zonder een moment te aarzelen gaf ze hun wat van de rijst die ze bij zich had. Toen ze thuiskwam, zag haar grootmoeder dat een deel van de rijst ontbrak. Ze vroeg de kleine om een verklaring. Maar Sudhamani wilde niet dat haar grootmoeder wist dat ze iemand geholpen had. Ze was bang dat ze anders naar het arme gezin zou gaan en met hen ruzie zou maken, en dan zouden zij zich vernederd voelen. Dus om hen te beschermen zei ze niets. Haar grootmoeder dacht dat Sudhamani de rijst verkocht had en voor zichzelf van het geld wat snoep gekocht had. Sudhamani werd dus gestraft. Het gebeurde nog een paar keer dat haar grootmoeder opmerkte dat er wat rijst ontbrak, maar de kleine gaf nooit prijs wat ze gedaan had, hoe streng ze ook gestraft werd.

Het maakte Sudhamani gelukkig dat haar grootmoeder ook van Krishna hield. Een groot portret van de Heer hing in een van de kamers van het huis. Steeds als Sudhamani een ogenblik vrij had, ging ze voor het portret staan. Sudhamani's oom hield erg veel van haar en als hij haar daar voor de afbeelding zag staan zingen, bracht hij voor haar een krukje om op te zitten. Maar de kleine wilde niet zitten. Ze wees naar het portret en zei: "Kijk oom, Krishna staat. Hoe kan ik gaan zitten, wanneer hij staat?" Voor Sudhamani was het schilderij niet gemaakt van papier en verf. Het was de echte Krishna die in vlees en bloed voor haar stond.

De buren van Sudhamani's grootouders waren verrukt over Sudhamani's liederen. Ze kwamen vaak naar hun huis alleen maar om haar te horen zingen. Hun hart was vol devotie wanneer ze naar haar composities luisterden. Ze leerden geleidelijk de liederen en begonnen ze in hun eigen pujakamer te zingen.

Werkend als dienstmeisje

De seizoenen kwamen en gingen. Het volgende jaar werd Sudhamani naar haar tante gestuurd om te werken. Zoals gewoonlijk kreeg ze een geweldige hoeveelheid werk. Haar neven en nichten vonden het beschamend om huishoudelijk werk te doen. De ouderen onder hen geloofden niet in God en steeds wanneer ze de kans kregen, plaagden ze het meisje genadeloos om haar liefde voor Krishna. Ze probeerden haar ook te verhinderen te zingen. Wanneer ze erin slaagden Sudhamani te beletten te zingen, verborg ze haar gezicht in haar handen en barstte in tranen uit. Ze konden haar beletten te zingen, maar ze konden haar niet beletten van de Heer te houden.

Sudhamani kreeg ook de taak haar neven en nichten over de backwaters naar school te brengen. Terwijl de kinderen in de smalle houten boot zaten, stond Sudhamani achter in de boot en bewoog de boot met een lange bamboepaal over de backwaters.

Omdat Sudhamani plotseling, zonder waarschuwing totaal in God geabsorbeerd kon raken, kwam ze soms in gevaarlijke situaties terecht.

Op een dag was het meisje net klaar met het pellen van de rijst en had toen een ogenblikje vrij. Ze stapte in een bootje en begon over de backwaters te roeien. Ze genoot erg van het natuurschoon om haar heen. De golfjes rondom de boot glinsterden als zuiver zilver en de lucht was bedekt met een groot aantal grijsblauwe wolken. Het zien van de wolken vervulde haar met vreugde omdat hun kleur haar zoals gewoonlijk aan haar Lieve Heer herinnerde. Plotseling ging haar geest helemaal in hem op. De hele lucht was gevuld met Krishna. Ze vergat volledig dat ze in de boot zat. Ze vergat de wereld om zich heen. Ze was zich zelfs niet van zichzelf bewust. Haar hele wezen was vol van een onbeschrijflijke vreugde en gelukzaligheid. De roeispanen vielen uit haar handen. Terwijl het bootje alle kanten op ging over het water, zat ze absoluut stil als een standbeeld, verloren in gelukzaligheid.

Plotseling kwam er een grote motorboot over de backwaters aangestormd. Het was een passagiersboot die recht op Sudhamani's bootje afging! De kapitein had Sudhamani's bootje waarschijnlijk niet gezien, maar enkele passagiers wel. Zij gilden en schreeuwden om haar aandacht te trekken, maar Sudhamani was helemaal gelukkig, verloren in de schitterende wereld van Krishna. Ze kon niemand horen en ze kon ook de boot niet zien. Ze had er geen idee van wat er gebeurde. Een groep mensen die op de oever stond, probeerde haar ook te waarschuwen. Ze schreeuwden en wierpen stenen in het water rondom Sudhamani. Maar de Heer liet Sudhamani, wier geest zo volledig op hem gericht was, niets overkomen. Toen de passagiersboot op het punt stond met Sudhamani's bootje te botsen en het te verbrijzelen, werd ze zich plotseling van haar omgeving bewust. Ze begreep vaag dat ze zich in een gevaarlijke situatie bevond. Op het laatste moment slaagde ze erin haar bootje te verplaatsen zodat de grote boot haar net niet raakte.

Toen Sudhamani een jaar in het huis van haar tante gewerkt had, werd ze naar de oudere broer van haar moeder en zijn vrouw gestuurd om daar te werken. Aanvankelijk waren ze erg blij met Sudhamani, omdat ze erg hard werkte en alles perfect deed.

Er woonden verscheidene arme moslimgezinnen in dit gebied. Velen van hen hadden niet voldoende voedsel om hun kinderen te eten te geven. Sudhamani kon er niet tegen hen te zien lijden. Daarom nam ze al het extra voedsel, kleding en andere dingen die ze in het huis van haar oom kon vinden, en gaf het in het geheim aan de hulpbehoevende mensen. Toen haar tante en oom erachter kwamen wat ze gedaan had, sloegen ze haar hard. Van toen af hadden ze een hekel aan Sudhamani en waren heel wreed tegen haar. Uiteindelijk besloot Sudhamani dat ze er genoeg van had. Ze verliet hen en ging naar huis.

Haar hele familie kwam spoedig over haar gewoonte te weten om kleding en voedsel weg te nemen om aan de armen te geven. Velen van hen vreesden dat ze naar hun huis zou komen en hun bezittingen ook weg zou geven. Van toen af wilde haar familie niets meer met haar te maken hebben. Ze mocht bij hen geen stap meer binnen de deur zetten. En dus hoefde Sudhamani niet meer voor haar familieleden te werken.

Hoofdstuk 4

Verlangen naar Krishna

Sudhamani was zestien jaar toen ze naar huis terugkeerde. Ze nam al het huishoudelijke werk weer op zich, waarbij ze tot de Heer zong en zijn naam ononderbroken onder het werk herhaalde. Ze mediteerde ook ieder vrij ogenblik. Door haar intense devotie en haar verlangen naar God stroomden de tranen vaak over haar gezicht als ze werkte.

Damayanti was sterk in verlegenheid gebracht door de slechte reputatie van haar dochter bij hun verwanten. Daarom behandelde ze haar nog slechter dan tevoren, hoe perfect Sudhamani haar werk ook deed.

Sudhamani had heel weinig kleren. Haar zussen en broers hadden een heleboel goede kleren, maar zij kreeg bijna nooit iets. Op een dag gaf iemand haar een geruite bloes en ze trok hem blij aan. Toen haar broer Subhagan zag dat ze een nieuwe bloes droeg, beval hij haar onmiddellijk hem uit te trekken. Toen pakte hij de bloes en stak hem in haar aanwezigheid in brand. Hij schreeuwde naar haar: "Je draagt deze mooie dingen alleen omdat je de aandacht wilt trekken!"

Op een dag strafte Damayanti Sudhamani omdat ze een geel jasje van haar zus geleend had. Sudhamani besloot dat ze vanaf toen alleen kleren die God haar gaf zou dragen. Met andere woorden, ze droeg alleen de oude, versleten kleren die weggegooid waren door mensen die ze niet meer wilden. De kleren die ze vond waren gescheurd en er zaten gaten in. Ze slaagde erin ze te herstellen met de losse draden uit een oude waslijn.

Subhagan liet niet toe dat Sudhamani iets met meisjes van haar eigen leeftijd te maken had, omdat hij dacht dat zij een slechte invloed op haar zouden kunnen hebben. Als Sudhamani water ging halen bij de dorpsput, durfde ze niet met de dorpsmeisjes te praten, omdat Subhagan, als hij erachter zou komen, haar vreselijk zou slaan wanneer ze thuiskwam. Hoewel ze nu een teenager was, mocht ze dus alleen met kleine kinderen spelen. Maar Sudhamani was hier heel blij mee, omdat ze kinderen aanbad en wanneer ze niet bij hen was, gaf ze er de voorkeur aan alleen bij de Heer te zijn.

Sudhamani was zeer liefdevol en hartelijk van aard en daarom werd ze altijd door kinderen omringd. Ze voelden zich tot haar aangetrokken alsof ze een magneet was. Steeds wanneer de kinderen de kans kregen, kwamen ze aanrennen om met haar te spelen. En ze volgden haar blij wanneer ze bladeren voor de geiten ging verzamelen. Als Sudhamani in een boom geklommen was en op een tak zat om bladeren te plukken, begon ze zonder er zelfs maar over na te denken het geluid te maken van een fluit, van Krishna's fluit. Ze ervoer dat ze zelf Krishna was en dat alle meisjes en jongens de *gopi's* en *gopa's* waren, de melkmeisjes en koeienherders van Vrindavan. Wanneer ze haar werk afhad, speelde ze graag met haar vriendjes. Samen beelden ze taferelen uit Krishna's jeugd uit en zongen ze haar liederen voor de Heer. Er was een sterke liefdesband tussen Sudhamani en de kinderen. De kinderen konden niet bij haar uit de buurt blijven. Ze waren zo gelukkig in haar aanwezigheid.

Sudhamani merkte op dat enkele buren de kost verdienden als naaister. Ze kreeg een idee en besloot dat ze naailessen wilde nemen. Ze dacht dat ze genoeg geld zou kunnen verdienen om de armen te helpen als ze leerde naaien. Eerst wilden haar ouders er niets van weten, maar Sudhamani weigerde het op te geven. Ze bleef het hun vragen totdat ze uiteindelijk toegaven. En zo ging ze een paar uur per dag naar een naaischool die geleid werd door een kerk in de buurt. De lessen werden in een klein atelier naast de kerk gegeven. Terwijl de andere meisjes in de klas met elkaar zaten te kletsen over jongens, filmsterren en de laatste mode, zat Sudhamani alleen te naaien en liederen te zingen voor haar geliefde Krishna. Ze zong met zoveel gevoel dat haar tranen vaak op de naaimachine vielen. Hoewel de priester een christen was, was hij diep geraakt door Sudhamani's devotie voor haar Heer en ze werd hem zeer dierbaar.

Soms nam Sudhamani haar borduurwerk en ging op het kerkhof zitten. Het was zo rustig en vredig daar. Ze praatte met de overleden zielen en vroeg hun of ze gelukkig waren. Ze zong heilige liederen voor hen, zodat hun ziel in vrede kon rusten. Af en toe ging ze de kerk in en stond naar een beeld van Jezus Christus te kijken, die aan het kruis genageld was. Het beeld raakte haar diep. Toen ze er op een dag naar stond te staren, voelde ze dat Christus en Krishna één waren en ze ging in *samadhi*. Toen ze zich weer van haar omgeving bewust werd, dacht ze aan de geweldige zelfopoffering zowel van Jezus Christus als van Krishna en ze dacht aan hun buitengewone liefde. Ze barstte in tranen uit, denkend: "Zij hebben alles voor de wereld opgeofferd. De mensen keerden zich tegen hen, en toch hielden zij van degenen die hen haatten. Als zij dat konden, kan ik het zeker ook."

Sudhamani was een goede leerling en leerde snel naaien. Toen ze van school afging, was de priester zo bedroefd, dat hij huilde. Hij zei tegen haar jongere broer Satish: "Sudhamani zal in de toekomst groot worden. Je zult het zien."

Spoedig begon Sudhamani voor de dorpelingen te naaien. Ze gebruikte het beetje geld dat ze verdiende om de armen te helpen.

Soms ging Sudhamani 's nachts naar buiten om naar de maan en de sterren te kijken. Ze zei: "O mijn vrienden, hebben jullie mijn Krishna gezien? Zachte wind, heb je hem ooit geliefkoosd? O stille maan en fonkelende sterren, zoeken jullie ook naar Krishna? Als jullie hem mochten vinden, zeg hem dan alsjeblieft dat ik op hem wacht. Ik wil hem zien!"

Dag en nacht mediteerde ze over de Heer. Ze zong tot hem, bad tot hem en zei zijn naam steeds weer. Haar geest verliet haar Geliefde geen moment.

Uiteindelijk kwam de dag dat Krishna aan haar verscheen. Eerst verscheen hij als de ondeugende, aanbiddelijke baby Krishna, die ook Kanna genoemd wordt. Toen zag ze hem toen hij wat ouder was, als Gopala, de Goddelijke Koeienherder, met een pauwenveer in zijn haar en de fluit in zijn handen. Ten slotte zag ze de luisterrijke Krishna, de Heer van haar hart. Sudhamani was dronken van vreugde. Ze sloot zich in de pujakamer op en danste urenlang in de zoete gelukzaligheid van Godsbewustzijn.

Van toen af ervoer Sudhamani vele prachtige visioenen van Krishna. Steeds wanneer ze ging wandelen, zag ze de Heer naast zich lopen. En 's avonds laat verscheen hij vaak aan haar. Hij plaagde haar op zijn lieve, ondeugende manier en bracht haar aan het lachen. De Goddelijke Fluitspeler nam haar handen en danste met haar op een tapijt van geurige bloemblaadjes. Hij droeg haar hoog boven de wolken en liet haar andere werelden en veel wonderbaarlijke dingen zien.

Sudhamani ervoer nu dat alles in de natuur Krishna was. Steeds wanneer het regende, leken de regendruppels de klank 'Om' te maken en ze zong blij op de muziek van de neervallende regen. Ze zag Krishna in iedere regendruppel. Ze kon er niet toe komen ook maar één bloem te plukken, omdat iedere bloem Krishna was en ze hem geen pijn wilde doen. Als de wind waaide, voelde ze dat Krishna haar liefkoosde. Als ze liep, was de grond Krishna, ieder zandkorreltje was hij. Maar ze ervoer ook steeds meer dat er geen verschil was tussen Krishna en haarzelf.

Men zegt dat je wordt waar je aan denkt. En omdat Sudhamani's liefde en verlangen naar Krishna zo intens waren en omdat haar gedachten altijd bij hem waren, veranderde ze dus geleidelijk in Krishna zelf. Ze ging in hem op. Maar een tijd lang wist niemand dit. Hoewel ze er uiterlijk als hetzelfde dorpsmeisje als voorheen uitzag – ze was klein en tenger, met lang golvend zwart haar en een prachtig gezicht met ogen die uitzonderlijk schitterden en straalden van liefde – was ze innerlijk één met de Heer geworden.

Verlangen naar Krishna

Hoofdstuk 5

Krishna Bhava

Toen men Sudhamani later vroeg, hoe ze Zelfrealisatie op zo'n jonge leeftijd kon bereiken, antwoordde ze: "Vanaf de tijd dat ik een klein kind was, hield ik met heel mijn hart van de naam van God. Ik hield er zoveel van, dat ik Krishna's naam bij ieder ademhaling zei, telkens weer. Waar ik ook was of wat ik ook deed, mijn gedachten waren altijd bij de Heer. Het zou iedereen die Zelfrealisatie wil bereiken, geweldig helpen, als hij de hele tijd aan God zou denken zonder een moment onderbreking."

Nu was Sudhamani zo dicht bij Krishna dat ze, als ze toevallig alleen maar de naam 'Krishna' hoorde, onmiddellijk zo geabsorbeerd werd in haar eenheid met hem, dat ze al het andere vergat. Ze bracht zoveel mogelijk tijd alleen door en genoot van haar eenheid met de Heer. Op een dag sprak Krishna tot haar. Hij zei: "Duizenden en duizenden mensen in deze wereld lijden. Jij en ik zijn één. Door jou zal ik veel werk verrichten." Kort hierop maakte Sudhamani haar eenheid met Krishna aan de wereld bekend. Het gebeurde als volgt:

Het was laat in de namiddag in september 1975 dat Sudhamani juist het gras voor de groeien geplukt had en met haar broer Satish naar huis terugkeerde. Ze droeg een grote bundel gras op haar hoofd. Zoals gewoonlijk was ze in een goddelijke stemming en zong ze onder het lopen. Toen ze langs het huis van hun buren liepen, stopte Sudhamani plotseling. De buren zaten in de binnenplaats. Zoals elke maand, hadden ze over het leven van Heer Krishna gelezen in het heilige geschrift, de *Srimad Bhagavatam*. Ze hadden juist over Krishna's geboorte gelezen en zongen daarover een hymne.

Sudhamani stond volkomen bewegingloos en luisterde aandachtig naar het lied. Plotseling veranderde haar stemming. De bundel gras die ze droeg, viel op de grond. Ze rende de binnenplaats op en stond midden tussen alle mensen. Haar armen waren opgeheven en haar handen vormden spontaan heilige *mudra's*. Ze was overweldigd door goddelijke gelukzaligheid. Ze kon haar eenheid met Krishna niet langer verbergen. Plotseling zagen de mensen tot hun grote verbazing dat haar gezicht veranderd was. Het was Krishna's luisterrijke, stralende gezicht dat ze voor zich zagen. Het was de Heer zelf die onder hen gekomen was. Sudhamani was in Krishna *Bhava*, de goddelijke stemming van Krishna. Sudhamani vroeg een van de mensen wat water te halen. Ze raakte het water aan en sprenkelde het over iedereen als heilig water.

Het nieuws over Sudhamani's verandering verspreidde zich snel over het hele dorp en spoedig verzamelde er zich een grote menigte op de binnenplaats. Maar onder de mensen die naar haar toe kwamen, waren er enkelen die het niet geloofden. Ze dachten dat Sudhamani alleen maar deed alsof. Ze zeiden tegen haar: "Als je werkelijk Krishna bent, moet je het kunnen bewijzen door ons een wonder te laten zien. Hoe kunnen we anders in je geloven?"

Eerst weigerde Sudhamani. Ze zei tegen hen: "Ik ben er niet in geïnteresseerd iemand in mij te laten geloven door wonderen te verrichten. Ik heb geen verlangen jullie wonderen te laten zien. Ik wil de mensen inspireren naar God te verlangen. Ik wil dat de mensen naar Godsrealisatie verlangen. Wonderen zijn niet het belangrijkste deel van spiritualiteit. Bovendien, als ik jullie nu een wonder laat zien, zullen jullie spoedig een tweede willen zien. Jullie zullen er telkens opnieuw om vragen. Ik ben niet naar de wereld gekomen om verlangens te creëren, ik ben gekomen om verlangens te verwijderen. De echte schat bevindt zich in jullie.

Waarom willen jullie dan namaak? Jullie ware Zelf is in jullie, maar jullie onwetendheid verbergt het."

Maar de sceptici gaven het niet op. Ze zeiden: "We beloven dat we je niet zullen vragen het opnieuw te doen."

Uiteindelijk stemde Sudhamani ermee in. Ze zei: "Ik zal het slechts deze ene keer doen, om jullie te laten geloven. Maar jullie moeten nooit meer met zo'n wens naar me toe komen. Degenen onder jullie die twijfelen, kunnen hier de volgende keer komen dat de Srimad Bhagavatam wordt voorgelezen."

De volgende keer dat de buren voorlazen uit de Srimad Bhagavatam, verzamelde er zich een grote menigte op hun binnenplaats. Er waren zoveel mensen dat er niet voor iedereen plaats was en sommigen moesten buiten de poort staan. Onder de mensen die gekomen waren, waren zowel gelovigen als ongelovigen. Sommige ongelovigen klommen zelfs in de bomen en op de omliggende daken. Vandaar konden ze alles zien wat er beneden op de binnenplaats gebeurde. Ze dachten dat ze spoedig zouden kunnen bewijzen dat Sudhamani alleen maar komedie speelde en dat ze helemaal niet heilig was. Ze wilden haar voor schut zetten.

In de tuin van de buren ging Sudhamani weer in Krishna Bhava. Ze vroeg toen een van de mensen die het meest aan haar twijfelde, om een kan water te halen. Net zoals ze de afgelopen keer gedaan had, sprenkelde ze het water over de mensen als heilig water. Toen vroeg ze dezelfde man die de kan gebracht had, zijn vinger in het water te stoppen dat nog in de kan zat. Hij deed dat en zag dat het water in zuivere melk veranderd was! Sudhamani gaf iedereen een beetje melk als *prasad*, een heilige gift van God.

Ze riep toen een andere man die ook niet in haar geloofde, en vroeg hem zijn vingers in de kan te stoppen. En, nee maar! De melk die nog over was in de kan, was in zoete pudding die *panchamritam* genoemd wordt, veranderd. Toen iedereen zag wat er gebeurd was, begrepen ze uiteindelijk dat het werkelijk Heer

Krishna was die voor hen stond. Ze riepen: "O God, O God!" Er werd aan meer dan duizend mensen panchamritam gegeven, en toch was de kan nog vol, toen iedereen een portie gekregen had. De zoete geur van de panchamritam bleef nog dagen lang aan ieders handen zitten. Deze gebeurtenis had op veel dorpelingen een geweldige uitwerking. Ze werden ervan overtuigd dat Sudhamani geen gewoon iemand was. Ze begrepen dat ze een *mahatma*, een grote ziel, was.

Toen Sudhamani jaren later over het begin van Krishna Bhava sprak, zei ze: "Ik wist alles over iedereen. Ik was me er volledig bewust van dat ik zelf Krishna was, niet alleen tijdens Krishna Bhava, maar ook op andere tijden. Toen ik de mensen zag en me van hun lijden bewust werd, had ik zo met hen te doen. Ik wist wat ieders problemen waren zonder dat iemand me dat hoefde te vertellen."

Van toen af verscheen Sudhamani regelmatig in Krishna Bhava op het strand. Aanvankelijk lag Sudhamani, als ze in Krishna Bhava was, op een tak van een banyanboom die naast het strand groeide. De tak waarop ze lag was erg dun en zwak, maar hij brak nooit omdat Sudhamani zich zo licht als een veertje kon maken.

Deze heilige plaats werd een tweede Vrindavan, het thuis van Heer Krishna. Tijdens iedere Krishna Bhava zaten alle toegewijden voor Sudhamani en zongen lofliederen voor Krishna, terwijl zij iedereen zegende die naar haar toe kwam. De atmosfeer was vol goddelijke vreugde.

Het nieuws over de wonderlijke Krishna Bhava verspreidde zich snel. Mensen begonnen van heinde en verre te komen, vanuit heel Kerala en verschillende delen van India om Sudhamani te zien. Veel mensen kwamen naar haar toe om hulp te vragen, omdat ze op de een of andere manier leden. Sommigen waren ziek, anderen waren erg arm of hadden andere problemen. Maar wat hun problemen ook waren, ze ontdekten allemaal dat hun moeilijkheden op een mysterieuze manier verdwenen, wanneer ze naar Sudhamani kwamen. De mensen die naar haar toe kwamen aanbaden en vereerden haar, maar ze was zelf zo nederig dat ze geen moment dacht dat ze op de een of andere manier groot was.

Op de dagen dat er geen Krishna Bhava was, ging Sudhamani verder met het werk thuis en het zorgen voor haar familie. Maar het werd voor haar steeds moeilijker te werken, omdat ze vaak opging in een toestand van gelukzaligheid.

Sudhamani's ouders besloten dat het tijd was dat hun dochter ging trouwen. Maar Sudhamani weigerde. Ze was helemaal niet van plan te trouwen. Haar ouders probeerden haar aan verschillende jongemannen voor te stellen, maar ze wilde niets met hen te maken hebben. Steeds wanneer haar ouders een mogelijke bruidegom uitgenodigd hadden, deed Sudhamani alsof ze gek was. Ze schreeuwde en gilde en probeerde er zo bedreigend mogelijk uit te zien, totdat de jongeman en zijn familie zo bang werden dat ze wegholden. Haar ouders gingen ten slotte naar een astroloog die niets over Sudhamani wist. Hij keek naar haar horoscoop en zei hun, dat hun dochter een goddelijke ziel was en dat ze er absoluut niet aan moesten denken haar te huwen. Dus gaven haar ouders het idee op een man voor haar te vinden.

Krishna Bhava

Hoofdstuk 6

De wonderen van Sudhamani

De Moeder van zoete Gelukzaligheid

Toen er op een keer een grote menigte mensen voor Krishna Bhava naar de banyanboom gekomen was, begon het plotseling te regenen. Er was niets in de buurt waaronder de mensen konden schuilen tegen de zware regen. Dus bleven ze naast de boom staan en ging ervan uit dat ze helemaal nat zouden worden. Maar tot hun grote verbazing ontdekten ze dat er geen druppel regen viel op de plaats waar zij stonden, hoewel het overal om hen heen goot.

Er was een giftige cobra op het strand die de mensen schrik aanjoeg, vooral 's nachts. De dorpelingen zagen de slang vaak en iedereen was bang om in het donker over het strand te lopen. Sommige dorpelingen gingen naar Sudhamani tijdens Krishna Bhava en vroegen haar hen te helpen.

Op een avond tijdens Krishna Bhava verscheen de slang plotseling naast de banyanboom. Toen de mensen de slang zagen, renden ze weg en gingen op een veilige afstand staan. Maar Sudhamani toonde geen teken van angst. Ze pakte de slang beet, hield hem voor haar gezicht en begon de flikkerende tong van de slang met haar eigen tong aan te raken. Toen liet ze de slang gaan. Hij gleed weg en de dorpelingen hebben hem nooit meer gezien.

Het gebeurde eens dat de kinderen van Moeder Zee, zoals de vissers genoemd worden, hongerleden, omdat ze meerdere dagen geen vis gevangen hadden. Ze kwamen tijdens Krishna Bhava naar Sudhamani en vertelden haar hun probleem. Sudhamani kreeg medelijden met hen. Een paar dagen later danste ze in gelukzaligheid op het strand. Tot grote vreugde van de vissers kwam er

De wonderen van Sudhamani

een grote school vissen recht op de kust afgezwommen. Nooit eerder in de geschiedenis van het dorp hadden de vissers zoveel vis gevangen als op die dag. Drie keer riep Sudhamani de vissen naar het strand toen de vissers voor hulp naar haar toe kwamen. Daarna hield ze op hen op deze manier te helpen omdat ze wilde dat ze echte devotie voor God voelden en niet alleen maar baden wanneer ze vis nodig hadden.

Wat dachten Sudhamani's ouders van dit alles? Ze stonden hun dochter toe met Krishna Bhava door te gaan, omdat ze geloofden dat Krishna dan echt naar haar kwam en een deel van haar werd. Maar ze dachten dat dat alleen gedurende Krishna Bhava gebeurde en dat ze overigens gewoon een gekke meid was. Ze weigerden te geloven dat Sudhamani op ieder moment één was met Krishna of dat Sudhamani een grote ziel was.

Sugunanandan vond het niet leuk dat Krishna Bhava op het strand gehouden werd, vlak naast de weg. Hij vond het niet gepast dat zijn dochter op een plaats zat waar allerlei mensen kwamen en voorbijliepen. Op een avond tijdens Krishna Bhava was hij hierover erg van streek. Sudhamani zei tegen hem: "Geef me in dat geval een andere plaats waar ik mijn toegewijden kan ontvangen. Als er geen andere plaats is, is de koeienstal ook prima." Haar vader vond het een goed idee en stemde er blij mee in.

Sugunanandan verbouwde de koeienstal. Hij maakte een cementen vloer en verdeelde de stal in twee delen. De twee delen werden in het midden door een muur gescheiden, die maar tot halverwege het plafond kwam. De koeien stonden aan de ene kant en aan de andere kant werd een tempeltje voor Sudhamani gebouwd. Als je in de tempel stond, kon je de koeien aan de andere kant van de lage muur zien. Om het er leuk uit te laten zien werden de muren van de tempel bedekt met gevlochten palmbladeren.

Sudhamani begon nu Krishna Bhava in het kleine tempeltje te houden. De toegewijden gaven haar een prachtige zilveren kroon met een pauwenveer, Krishna's kroon. Ze wilden dat zij die droeg. Tijdens haar goddelijke stemming stond Sudhamani in de tempel met één voet op een klein krukje, terwijl de mensen de tempel inkwamen om een voor een door haar gezegend te worden. Sudhamani's gezicht gloeide van goddelijke energie. Ze was precies als de ondeugende Krishna met een onweerstaanbare lieve twinkeling in haar ogen. Ze plaagde de mensen vaak en bracht hen aan het lachen. Iedereen voelde zich zo blij in haar aanwezigheid. Als ze daar aan iedereen *darshan*[3] stond te geven, strekte ze vaak haar arm over de lage muur en liet haar hand rusten op de warme rug van een van de koeien aan de andere kant.

Subhagan haatte de nieuwe tempel. Hij kon de vreemde Krishna Bhava van zijn zus niet uitstaan. Hij kookte van woede wanneer hij zag hoe de mensen naar haar toe kwamen en haar aanbaden.

Er bevond zich een olielamp[4] in de kleine tempel die tijdens Krishna Bhava altijd brandde. Op een dag brak Subhagan de olielamp en goot alle olie weg die voor de lamp gebruikt werd. Vlak voor de volgende Krishna Bhava gingen enkele toegewijden de tempel in en ontdekten de kapotte olielamp die op de grond lag. Het was de enige lamp die ze hadden. Toen Sudhamani de tempel inkwam en zag hoe van streek ze waren, vroeg ze hun naar het strand te gaan om een paar zeeschelpen te pakken. Ze ging de schelpen als olielamp gebruiken. Maar er was geen olie meer, en je kunt een olielamp niet aansteken zonder olie. Sudhamani vroeg de toegewijden de schelpen met water te vullen en dan pitten in de met water gevulde schelpen te stoppen en ze aan te steken. Ze deden wat zij hun zei, en er gebeurde een wonder. De

---

[3] Darshan is een heilig iemand zien of in zijn aanwezigheid zijn.
[4] In hindoetempels en huizen is het traditie een olielamp voor het altaar aan te steken. Dit gebruik, dat bij iedere spirituele activiteit uitgevoerd wordt, stelt het verdrijven van de duisternis voor.

olielampen brandden helder en ze bleven de hele nacht branden, ook al waren de schelpen gevuld met water in plaats van olie.

Een paar dagen later bracht een toegewijde, die niet wist wat er gebeurd was, twee nieuwe olielampen mee die hij aan Sudhamani gaf. Hij zei dat hij een droom gehad had en in die droom had iemand hem verteld twee olielampen als geschenk voor Sudhamani te kopen.

Op de avonden dat er geen Krishna Bhava was, zat Sudhamani buiten en mediteerde onder de sterrenhemel. Vanaf haar kinderjaren had ze steeds van de stilte van de nacht gehouden. Dan kon ze alleen zijn in haar goddelijke staat en kon ze mediteren en in gelukzaligheid dansen zonder dat iemand haar zag.

Maar er waren enkele dorpelingen die niet in God geloofden en die tegen Sudhamani waren. Haar vader was bang dat ze op een nacht zouden komen om haar pijn te doen, wanneer ze buiten alleen zat te mediteren. Hij maakte zich steeds meer zorgen, totdat hij uiteindelijk tegen haar zei: "Dochter, 's nachts moet je naar binnen komen en in huis slapen." Maar Sudhamani zei: "Vader, ik heb geen huis. Ik slaap liever buiten. God is overal. Hij is in me en overal om me heen. Er is dus niets om je zorgen over te maken. Als iemand probeert me te verwonden, zal God me beschermen."

Hoofdstuk 7

Het kind van de Goddelijke Moeder

Op een dag zat Sudhamani alleen thuis. Haar ogen waren open, maar ze keek niet naar iets in de kamer. Ze mediteerde over de Hoogste Waarheid. Plotseling verscheen er een bal van schitterend rood licht voor haar. Het was de kleur van een zeer schitterende zonsondergang, hij was alleen veel helderder. Maar hoewel het licht erg helder was, was het zo zacht en aangenaam als maanlicht. Voor dit prachtige licht verscheen de Goddelijke Moeder aan Sudhamani. De Goddelijke Moeder was mooier dan iedereen die ze ooit gezien had. Ze droeg een stralende kroon op haar hoofd. Ze keek met oneindige liefde naar Sudhamani en glimlachte naar haar. En toen was ze verdwenen, even plotseling als ze gekomen was. Dit prachtige visioen maakte Sudhamani zo opgewonden dat ze uitriep: "Krishna, mijn Moeder is gekomen! Breng me alsjeblieft naar haar toe! Ik wil haar zo graag omhelzen!" Op dat moment kwam Krishna naar Sudhamani. Hij tilde haar op en bracht haar naar verschillende werelden. Sudhamani zag vreemde en heel mooie dingen, maar ze kon de Goddelijke Moeder nergens zien. Ze riep als een klein kind: "Ik wil mijn Moeder zien! Waar is mijn Moeder?" Toen ze haar niet kon vinden, begon ze te huilen.

Na deze ervaring was Sudhamani lange tijd in extase. Ze voelde een intens verlangen de Goddelijke Moeder opnieuw te zien. Ze wilde het mooie gezicht en de liefdevolle glimlach van haar Moeder zien. De liefde van de Goddelijke Moeder was onbeschrijflijk en ze straalde zo'n luisterrijk licht uit dat het Sudhamani verbaasde. Van toen af kon Sudhamani aan niets anders dan haar Moeder denken. Haar hart ging helemaal uit naar de Goddelijke Moeder.

Sudhamani's Krishna Bhava ging door in de kleine tempel, maar daarbuiten besteedde ze ieder moment aan meditatie over de Goddelijke Moeder. Dag en nacht stond haar hart in brand van verlangen.

Tot nu toe had Sudhamani steeds geholpen bij het huishoudelijk werk op de dagen tussen de Krishna Bhava's. Maar nu waren haar gedachten zo op de Goddelijke Moeder geconcentreerd, dat ze geen gewoon werk meer kon doen. Ze kon nauwelijks voor haar zelf zorgen. Ze kon zelfs niet eten. Maandenlang leefde ze op niets anders dan tulasi-bladeren[5] en water.

Zoals Sudhamani eerder ervaren had dat Krishna overal was, voelde ze nu dat de Goddelijke Moeder overal om haar heen was. De hele aarde was haar Moeder en de wind was de adem van haar Moeder. Ze zwierf rond en praatte met de bomen, de bloemen, de vogels en de dieren. Ze lag op de grond en rolde als een klein kind in het rond, roepend: "Moeder! Moeder! Waar bent u? Moeder, u bent overal, dus waar bent u niet?"

Op een dag zat Sudhamani in de tempel en had net haar meditatie beëindigd. Plotseling werd ze overweldigd door het gevoel dat de hele natuur haar eigen Moeder was en dat ze zelf een heel klein kindje was, het kind van de Goddelijke Moeder. Ze kroop als een baby de tempel uit en ging naar een kokospalm. Ze zat dicht bij de boom en begon te huilen: "Moeder, Moeder! Waarom verbergt u zich voor mij? Ik weet dat u zich in deze boom verstopt. U bent in alle planten en bloemen. U bent in de vogels en dieren. De hele wereld bent u. Moeder, ik weet dat u zich verbergt in de golven van de oceaan en in de wind. Moeder, ik kan u niet vinden!" Plotseling voelde ze dat haar geliefde Moeder op die plek bij haar was. Ze nestelde zich tegen haar Moeder aan en

---

[5] De tulasiplant die verwant is aan basilicum, wordt als heilig beschouwd.

omhelsde haar innig. Sudhamani wist niet dat ze de palmboom omhelsde.

Sudhamani lag soms op de grond omhoog te kijken naar de hemel. Donkere stormwolken herinnerden haar nu niet langer aan Krishna. Wanneer ze naar de wolken keek, zag ze het lange, krullende haar van haar Moeder door de lucht golven. En op een heldere dag was de zon het prachtige, stralende licht van haar Moeder. Alles aan de hemel herinnerde haar aan de Goddelijke Moeder. Soms als ze 's nachts op de grond lag en omhoog keek naar de onmetelijke hemel vol maanlicht en fonkelende sterren, ervoer ze dat de hele hemel haar Moeder was. Als ze op de grond lag, sliep ze nooit. Ze bad en huilde om haar Moeder. Tranen liepen voortdurend over haar gezicht. Ze verlangde ernaar in haar op te gaan, zoals een regendruppel die in de oceaan valt, één wordt met de oceaan.

Sudhamani had een *mantra*[6] die ze alsmaar herhaalde. Deze mantra had ze niet van een guru gekregen. Ze had hem zelf verzonnen. Haar mantra was: 'Amma, Amma, Amma...' (Moeder, Moeder, Moeder...). Ze zette nooit een enkele stap zonder haar mantra te herhalen. Als ze hem ooit vergat te herhalen wanneer ze een stap zette, zette ze onmiddellijk een stap terug en zei: "Amma." Pas dan stond ze zichzelf toe verder te gaan. Soms ging Sudhamani in de backwaters zwemmen. Voordat ze in het water dook, besliste ze hoe vaak ze haar mantra moest herhalen voordat ze terug naar de oppervlakte kwam. Als er per ongeluk een ogenblik was, dat ze niet aan de Goddelijke Moeder dacht, voelde ze zich daar erg ongemakkelijk over en bekende: "Moeder, ik heb zoveel tijd verspild." Om de verloren tijd te compenseren mediteerde ze die dag langer dan gewoonlijk. Als ze toevallig

---

[6] Een mantra is Gods naam of een paar heilige woorden die je onophoudelijk herhaalt, dag in dag uit, wat je ook doet. Als je de mantra blijft herhalen, zal de spirituele kracht die je in je hebt, ontwaken en zul je één worden met God.

Het kind van de Goddelijke Moeder

een meditatie overgeslagen had, bracht ze de hele nacht buiten door met op en neer lopen terwijl ze haar mantra herhaalde en bad: "Moeder, wat heeft dit leven voor zin, als ik niet over u kan mediteren? O Moeder, geef me kracht! Laat u zien. Laat me in u opgaan!"

Als iemand naar haar toe kwam en tegen haar begon te praten, verbeeldde ze zich dat de Goddelijke Moeder voor haar stond. Die persoon bleef praten totdat hij zich realiseerde dat Sudhamani op mysterieuze wijze naar een andere wereld was geglipt.

Als ze 's morgens haar tanden begon te poetsen, kon ze dat vaak niet afmaken, omdat haar gedachten plotseling naar de Goddelijke Moeder uitgingen en ze volledig vergat wat ze aan het doen was. Het kon dan uren duren voordat ze zich weer van haar omgeving bewust werd. Het was nog moeilijker voor haar om een bad te nemen. Als ze de badkamer inging, ontdekte ze gewoonlijk dat ze haar handdoek vergeten had. En wanneer ze de handdoek gepakt had, ontdekte ze dat ze ook haar zeep of iets anders vergeten had. Dan dacht ze: "Moeder, ik verspil al deze tijd met mijn pogingen een bad te nemen. Laat mijn gedachten in plaats daarvan altijd bij u zijn. Ik voel me zo bedroefd, wanneer ik u zelfs maar een seconde vergeet." Dan besloot ze haar bad te vergeten. In plaats daarvan ging ze op de vloer van de badkamer zitten en spoedig was ze in diepe meditatie. Uren later vond iemand van de familie haar daar zittend. Om haar uit haar meditatie te laten komen, goten ze een emmer koud water over haar hoofd. Op deze manier kreeg ze uiteindelijk toch een bad. Als water over haar heen gieten niet hielp, schudden ze haar erg hard. Soms moesten ze haar uit de badkamer dragen.

Het fijnst van allemaal vond Sudhamani om midden in de nacht, wanneer alles rustig en vredig was, naar het strand te gaan om bij de oceaan te mediteren. De golven die op de kust braken, zongen hun eindeloze lied: "Om…Om…Om…" De donkerblauwe hemel schitterde met miljoenen fonkelende sterren. Alles herinnerde Sudhamani aan haar Goddelijke Moeder. Ze had maar een moment nodig om in diepe meditatie te glippen, waarbij haar geest tevreden rustte in de schoot van de Schone Moeder van het Universum.

Als haar vader in zo'n nacht toevallig naar haar zocht, werd hij erg bezorgd als hij haar thuis of buiten niet kon vinden. Uiteindelijk ging hij naar het strand om haar te zoeken. Daar vond hij haar gewoonlijk in diepe meditatie, volkomen stil zittend als een rots.

Omdat Sudhamani's familie haar niet kon begrijpen, bleven ze geloven dat ze gewoon een gekke meid was, maar in werkelijkheid was ze in een toestand van de hoogste devotie. Ze verlangde naar de Goddelijke Moeder zoals iemand die onder water gehouden wordt, naar lucht verlangt. Ze hield meer van de Goddelijke Moeder dan van haar eigen leven.

Subhagan behandelde Sudhamani nog steeds erg slecht. Toen ze op een dag het huis inliep, hield hij haar bij de deur tegen en schreeuwde: "Ik verbied je dit huis binnen te gaan. Alleen wanneer je ophoudt met al je beschamende dansen en zingen, zal ik je toestaan weer binnen te komen." Omdat Sudhamani dacht dat alles wat haar overkwam, de wil van de Goddelijke Moeder was, dacht ze dat dit ook haar wil was. Ze verliet dus het huis zonder een woord te zeggen en ging op de plaats voor het huis zitten. Maar Subhagan verbood haar ook daar te zitten. Sudhamani nam toen een handvol zand en gaf het aan haar broer met de woorden: "Als dit zand van jou is, vertel me dan alsjeblieft hoeveel zandkorrels er zijn."

Van toen af woonde ze alleen, in de open lucht.

Dag en nacht bleef ze naar de Goddelijke Moeder verlangen. Niets anders was voor haar van belang. Als een klein kind bij wie de tranen over haar gezicht stroomden, strekte ze haar armen uit naar de hemel, alsof ze naar haar Moeder reikte. Ze huilde en smeekte haar Moeder naar haar toe te komen. "O Moeder," huilde ze, "waar bent u? Hebt u me hier achtergelaten om van verlangen te sterven? U bent mijn enige hoop. Heeft u me net als alle anderen in de steek gelaten? Kunt u niet zien hoeveel ik lijd?"

Wanneer de kinderen uit de buurt haar zagen huilen, kwamen ze naar haar toe en vroegen: "Oudere zus, waarom huil je? Heb je ergens pijn?" Ze gingen dicht bij haar zitten en omdat ze zoveel van haar hielden en het niet konden verdragen dat ze zo bedroefd was, begonnen ze ook te huilen. Uiteindelijk kregen ze door waarom Sudhamani huilde: omdat ze de Goddelijke Moeder wilde zien. Daarom trokken de kleine meisjes sari's aan, gingen naar haar toe en deden alsof ze de Goddelijke Moeder waren. Sudhamani omhelsde hen, toen ze hen zo gekleed zag. Ze beschouwde hen niet als kinderen. Voor haar waren ze de Goddelijke Moeder zelf.

Sudhamani's verlangen naar de Goddelijke Moeder werd zo sterk dat ze aan niets anders meer kon denken. Ze zorgde niet voor zichzelf en merkte niets om haar heen op. Ze wist het verschil tussen dag en nacht niet meer. Ze lag in diepe meditatie op de grond. Ze merkte niet op wanneer de zon gloeiend heet was of wanneer het hard regende. Ze sliep niet en dacht nooit aan eten.

Zoals Sudhamani soms in Krishna Bhava was, was ze nu in de bhava van een twee jaar oud kind, het kind van de Goddelijke Moeder. Sudhamani huilde als een klein kind om haar Moeder. Andere keren lachte ze en klapte in haar handen. Ze rolde over de grond en probeerde de aarde te omhelzen. Ze ging naar de backwaters en probeerde de rimpels op het water te kussen. De hele tijd riep ze: "Moeder! Moeder!"

Op een dag kwamen enkele toegewijden Sudhamani opzoeken. Ze vonden haar liggend op de grond bij de backwaters, zich niet bewust van de wereld om zich heen. Haar geest was helemaal geabsorbeerd in de Goddelijke Moeder. Haar gezicht en haar haar zaten vol zand en er waren sporen van de nooit ophoudende tranen op haar wangen. De toegewijden werden overmand door verdriet, toen ze haar daar zagen liggen. Ze gingen het haar vader vertellen, maar Sugunanandan wilde er niets over horen. Het maakte hen erg verdrietig dat niemand in haar familie zich om haar bekommerde. Ze droegen haar naar huis en legden haar op een bed, niet wetend dat het Subhagans bed was. Ze maakten haar schoon en probeerden tevergeefs haar tot normaal bewustzijn terug te brengen. Toen gingen ze weg om haar comfortabel te laten rusten.

Toen Subhagan even later thuiskwam en zijn zus op zijn bed zag liggen, kreeg hij een woedeaanval en schreeuwde: "Wie heeft deze ellendeling op mijn bed gelegd?" Hij schudde het bed met zo'n kracht dat het in stukken brak. Maar Sudhamani merkte niets op. Ze lag daar gewoon vredig temidden van de brokstukken. Toen Sudhamani er later achter kwam, wat er was gebeurd, reageerde ze helemaal niet. Ze zei eenvoudig: "Alles wat er gebeurt, is Gods wil en het is altijd het beste."

De volgende dag kwam er een toegewijde die timmerman was en die niets wist over wat er de vorige dag gebeurd was, met een bed, een tafel en een paar stoelen naar Sudhamani toe. Hij vertelde haar dat hij een droom gehad had, waarin Heer Krishna aan hem verscheen en hem opdroeg de meubels als gift naar Sudhamani te brengen.

Hoofdstuk 8

Trouwe vrienden

Wilde vogels en dieren voelden zich erg tot Sudhamani aangetrokken. Ze konden haar liefde voor al Gods schepsels voelen, van de kleinste mier tot een mens. Zelfs de schuwste dieren vertrouwden haar instinctief en waren helemaal niet bang voor haar.

Nu Sudhamani buiten woonde, waren het de dieren die voor haar zorgden en vrienden van haar waren. Haar familie had haar min of meer aan haar lot overgelaten en was tegen haar spirituele leven, maar de dieren vereerden haar en deden hun best om haar zo gelukkig mogelijk te maken en het haar zoveel mogelijk naar de zin te maken. Wat voor weer het ook was, ze bleven altijd dicht bij haar en beschermden haar. De dieren leken haar veel beter te begrijpen dan de mensen ooit gedaan hadden.

Sudhamani mediteerde iedere dag graag in de kleine tempel. Telkens wanneer ze de tempel uit kwam, kwam een van de koeien van het gezin naar haar toe en wilde haar met haar eigen melk voeden. Sudhamani dacht dat de Goddelijke Moeder dit georganiseerd had, en dus dronk ze als een klein kalf de melk direct uit de uier van de koe. Dankzij de koe hoefde ze geen honger of dorst te lijden. De koe hield zoveel van Sudhamani dat ze weigerde gras te eten of haar eigen kalf te voeden voordat ze Sudhamani haar dagelijkse melk gegeven had. Dit irriteerde Sudhamani's familie. De koe ging iedere dag naar de tempel en stond daar geduldig op Sudhamani te wachten. Sudhamani's ouders probeerden meerdere malen de koe bij de tempel weg te halen, maar de koe verroerde zich niet. Ze trokken het dier zelfs aan haar staart en goten emmers water over haar heen, maar wat ze ook probeerden, ze bewoog geen centimeter. Soms kreeg de koe het te pakken en rende speels tussen de palmbomen door met de boze familie achter zich aan. Maar ze konden haar niet vangen. Dan rende ze terug naar Sudhamani om haar melk te geven. Zodra de koe Sudhamani haar melk gegeven had, liet ze zich heel gewillig wegleiden.

Sudhamani's oom woonde dicht bij het huis van haar grootmoeder. Op een dag merkte hij dat een van zijn koeien ontsnapt was en naar de oceaan rende. Op het strand sloeg de koe rechtsaf en begon in volle vaart langs de kust te draven met Sudhamani's oom die haar achterna rende. De koe holde zo snel dat hij haar niet te pakken kon krijgen. Ten slotte ging ze landinwaarts en rende direct naar Parayakadavu, waar ze nooit eerder geweest was. De koe ging recht op het perceel van Idammanel af, waar Sudhamani buiten zat, geabsorbeerd in meditatie. De koe liep naar haar toe, liefkoosde Sudhamani voorzichtig met haar zachte neus en likte haar. Maar Sudhamani zat in diepe meditatie en merkte niets op. De koe ging toen vlakbij liggen en keek aandachtig naar Sudhamani, alsof ze erop wachtte dat ze uit haar meditatie zou komen. Na een poosje opende Sudhamani haar ogen en zodra ze de koe zag, stond ze op en liep naar het dier toe. Toen tilde de koe een van haar achterpoten op om Sudhamani uit te nodigen van haar melk te drinken. Sudhamani had veel dorst en dronk de melk van de koe blij op. Haar oom, die het hele tafereel gade had geslagen, was zeer verwonderd. Die dag begreep hij dat Sudhamani geen gewone ziel was.

De koe ging Sudhamani meerdere keren opzoeken en bood Sudhamani iedere keer haar melk aan.

Zelfs slangen voelden zich tot Sudhamani aangetrokken. Het gebeurde vele malen dat er een slang kwam die zich om haar lichaam kronkelde als ze buiten in diepe meditatie verzonken zat. Zelfs giftige slangen kwamen naar haar toe, maar ze waren altijd vriendelijk en deden haar nooit kwaad. Ze wilden gewoon bij haar zijn.

Wilde vogels waren helemaal tam in Sudhamani's aanwezigheid. Ze hield vooral van wilde papegaaien, omdat die, naar men zegt, een speciale relatie met de Goddelijke Moeder hebben. Wanneer ze bad: "O Moeder, wilt u niet naar me toe komen?" kwam er soms een zwerm papegaaien door de lucht aangevlogen en ging naast haar op de grond zitten. Op een dag deed een toegewijde aan Sudhamani een papegaai in een kooi cadeau, maar Sudhamani kon de gedachte een levend wezen in een kooi te hebben niet verdragen, en dus liet ze de papegaai vrij. Maar de vogel vloog niet weg, hij verkoos bij Sudhamani te blijven. De mensen zagen de papegaai vaak bij haar spelen. Het leek alsof hij danste. Toen Sudhamani op een dag tot de Goddelijke Moeder aan het bidden was, begon ze te huilen. Plotseling keek ze op en zag de papegaai voor haar staan. De papegaai huilde ook. De vogel kon Sudhamani's verdriet voelen en dat maakte hem ook bedroefd.

Behalve de papegaai waren er ook twee duiven die graag dicht bij Sudhamani waren. Steeds als ze tot de Goddelijke Moeder zong, kwamen de twee duiven en de papegaai en stonden voor haar. Wanneer zij haar lied zong, dansten ze blij, spreidden hun vleugels uit en hupten vrolijk rond.

Hoog in een palmboom bij het huis was een adelaarsnest met twee jonge vogels. Op een dag schoof het nest van zijn plaats en viel in stukken op de grond. De twee jonge adelaars lagen hulpeloos op de grond. Enkele kinderen begonnen stenen naar de jonge arenden te gooien en probeerden hen te doden. Op dat ogenblik verscheen Sudhamani op het toneel en redde hen. Ze maakte een kleine schuilplaats voor de vogels en verzorgde hen met veel aandacht. Een paar weken later waren de adelaarsjongen sterk genoeg om uit te vliegen en Sudhamani liet ze vrij. Lange tijd verschenen de twee adelaars bij het begin van iedere Krishna Bhava. Zij streken neer op het dak van de tempel.

Men zegt dat de adelaar Garuda het voertuig van Heer Vishnu is. Nu had Sudhamani dus twee Garuda's tijdens Krishna Bhava. De toegewijden hielden van de vogels en keken verlangend naar hen uit bij het begin van iedere Krishna Bhava.

Sudhamani huilde vaak zo veel om de Goddelijke Moeder, dat ze alle uiterlijke bewustzijn verloor. Steeds als dit gebeurde, kwamen de twee Garuda's aangevlogen en landden naast haar. Ze stonden daar over haar te waken, alsof ze haar beschermden. Op een dag liepen er enkele vrouwen uit de buurt voorbij en zagen Sudhamani bewusteloos op de grond liggen met de twee Garuda's dicht bij haar en starend naar haar gezicht. De vrouwen waren verbaasd toen ze zagen dat de adelaars huilden als mensen. De twee adelaars hielden zoveel van Sudhamani dat ze er niet tegen konden als ze leed.

Op een andere dag, toen Sudhamani haar meditatie net beëindigd had en erg veel honger had, vloog een van de adelaars onmiddellijk naar de oceaan en kwam een paar minuten later terug met een vis in zijn klauwen. Hij liet de vis zachtjes in haar schoot vallen. Sudhamani had zo'n honger, dat ze de vis oppakte en hem rauw opat. Van toen af ving de adelaar iedere dag een vis voor haar. Damayanti kwam hier spoedig achter. Ze vond het niet leuk dat haar dochter rauwe vis at. Dus steeds wanneer ze de arend met zijn dagelijkse offer zag aankomen, pakte ze de vis en bakte deze voor haar dochter. Voorheen, toen Sudhamani Krishna aanbad, at ze nooit vis, maar nu was ze ervan overtuigd dat de Goddelijke Moeder zelf de adelaar zond om de vis voor haar te vangen. Voor Sudhamani was de vis heilig voedsel dat de Godin haar gaf, en daarom at ze het. De arend ging lang door met het vangen van vis voor Sudhamani.

Er kwam ook een kat bij haar wonen. De kat ging tijdens Krishna Bhava de tempel in en liep in een perfecte cirkel om Sudhamani heen, zoals mensen in hindoetempels in een cirkel rondom de beelden van goden en godinnen lopen. De kat ging dan naast haar zitten, totaal niet geïnteresseerd in alle mensen in de tempel. Hij zat daar lange tijd met zijn ogen dicht. Iedereen geloofde dat de kat mediteerde. Op een dag probeerde iemand van de kat af te komen door hem naar de andere kant van de backwaters te brengen en hem daar achter te laten, maar de volgende dag kwam de kat al terug. Waarschijnlijk was hij komen zwemmen. Hij bleef dicht bij Sudhamani.

Een grote zwart-witte hond was Sudhamani's trouwe vriend. De hond aanbad haar. Telkens wanneer Sudhamani met zo'n intensiteit om de Goddelijke Moeder huilde dat ze alle uiterlijke bewustzijn verloor, brak het hart van de hond en begon hij luid te janken. Hij wreef zich tegen haar aan en likte haar gezicht om te proberen haar wakker te maken. En wanneer Sudhamani de backwaters over moest steken om ergens heen te gaan, raakte de hond altijd erg van streek. Uit protest blafte hij luid en probeerde haar tegen te houden door aan haar jurk te trekken.

Af en toe kwam de hond naar haar toe met een pakje voedsel in zijn mond, dat hij aan haar voeten neerlegde. Niemand wist waar het pakje vandaan kwam en de hond at zelf nooit een korreltje rijst van het voedsel. 's Nachts sliep hij dicht bij haar. Als Sudhamani op de grond ging liggen om naar de lucht te staren, legde ze haar hoofd op de rug van de hond. Ze gebruikte hem als kussen.

Telkens wanneer een toegewijde voor Sudhamani boog als teken van respect, strekte de zwart-witte hond graag zijn voorpoten en boog zijn hoofd alsof hij ook voor haar boog. Als Sudhamani in devotionele extase danste, sprong de hond blij rondom haar op en neer, alsof hij ook danste. Wanneer er op de heilige schelp in de tempel geblazen werd, huilde de hond, waarbij hij het klaarspeelde bijna precies als de schelp te klinken.

Op een nacht zat Sudhamani aan de oever van de backwaters te mediteren, toen haar vader toevallig voorbijkwam. Sudhamani zat absoluut stil. Ze was zo in meditatie verdiept, dat ze niet opmerkte dat haar lichaam met een dikke laag muggen bedekt was. Haar vader bleef haar roepen om haar uit haar meditatie te halen, maar haar geest was zo ver weg dat ze hem niet kon horen. Hij begon haar toen heftig te schudden, zoals de gewoonte van het gezin was, maar hoe hard hij ook schudde, hij kon haar niet tot bewustzijn brengen. Toen hij haar schudde, ontdekte hij tot zijn verbazing dat ze niet meer leek te wegen dan een klein takje. Hij ging naast haar zitten. Een ogenblik later kwam de zwart-witte hond naar Sudhamani toe en blafte tegen haar, alsof hij haar aandacht probeerde te trekken. Een paar minuten later opende Sudhamani haar ogen en was ze weer in een normale bewustzijnstoestand. Het was alsof de dieren altijd haar aandacht konden krijgen, in welke wereld ze ook was.

De hond hield zoveel van Sudhamani dat ze soms dacht dat de hond de Goddelijke Moeder zelf was. Wanneer dit gebeurde, voelde Sudhamani zich als een klein kind. Ze omhelsde en kuste de hond en riep: "Moeder! Moeder!"

Toen Sudhamani op een dag zat te mediteren, voelde ze zich plotseling uiterst onrustig. Ze stond op en liep snel naar het dorp. Haar hond was door een hondenvanger gevangen, die op het punt stond hem mee te nemen om hem te laten doden. De hond jankte luid, omdat hij niet uit de ketting van de hondenvanger kon ontsnappen. Toen de man hem meenam, sleepte de hond met zijn poten over de grond. Een paar dorpsmeisjes die erg gek op Sudhamani waren, herkenden de hond en kwamen aanrennen. Ze legden de man uit dat de hond van hun vriendin was, en smeekten hem om hem te laten gaan, maar de man negeerde hen. Ze boden hem zelfs wat geld aan. Op dat moment verscheen Sudhamani. De hond keek meelijwekkend naar Sudhamani en begon tranen te storten als een mens. Dit was te veel voor de hondenvanger. Hij kon duidelijk zien hoeveel de hond van haar hield en dus had hij geen andere keuze dan hem vrij te laten. De hond werd nog een paar keer door verschillende hondenvangers gevangen, maar Sudhamani slaagde er altijd in hem op het laatste moment te redden.

Op een dag had Sudhamani het sterke gevoel dat haar vriend, de zwart-witte hond, ziek zou worden en zou sterven. Dit is precies wat er een paar dagen later gebeurde. De hond kreeg hondsdolheid, maar hij leed nauwelijks. Toen men Sudhamani vroeg of ze bedroefd was dat haar hond gestorven was, zei ze: "Ik ben helemaal niet bedroefd, want ook al is hij gestorven, hij zal spoedig naar me terugkomen." Een tijd later zei ze dat de ziel van de hond dichtbij opnieuw geboren was. Maar meer zei ze er niet over.

Iemand die één is met God, houdt van al Gods schepsels, van iedereen zonder uitzondering, omdat hij duidelijk God in iedereen kan zien. Wanneer je hart vol goddelijke liefde en mededogen is, voelen dieren zich tot je aangetrokken, alsof je een magneet bent. Wilde leeuwen en tijgers worden makke lammetjes in je aanwezigheid, en giftige slangen zullen er niet aan denken je kwaad te doen. Alle schepsels van God worden je dierbare vrienden. Dit is wat Sudhamani overkwam. Sudhamani kon zelfs de taal van de dieren begrijpen. Wanneer ze met haar spraken, begreep ze alles wat ze zeiden.

Hoofdstuk 9

De Moeder van zoete Gelukzaligheid

Nu voelde Sudhamani de aanwezigheid van de Goddelijke Moeder overal om zich heen en waar ze ook keek, kon ze haar geliefde Moeder waarnemen. Ze omhelsde de bomen en aaide de bloemen, omdat ze voelde dat ze haar Moeder waren. Ze praatte met hen en kuste hen. Wanneer de wind over haar haar en haar huid blies, ervoer ze dat de Goddelijke Moeder haar liefkoosde. De aarde was de schoot van haar Moeder. Ze rolde over de grond om te proberen de aarde te omhelzen. Ze staarde vaak naar de hemel met een afwezige blik op haar gezicht. Niemand wist wat ze zag. Ze kon plotseling zo vol gelukzaligheid zijn, dat ze tegelijk lachte en huilde en niet op kon houden.

Omdat Sudhamani's gedachten altijd naar de Goddelijke Moeder uitgingen, sliep ze niet en at ze bijna nooit. Ze kon niet langer voor haar eigen lichaam zorgen, omdat ze in een andere wereld was. En als ze soms at, waren het uiteindelijk gebruikte theebladeren, koeienmest of andere vreemde dingen, omdat ze het verschil niet zag. Ze had er geen idee van wat ze at. Een gewoon iemand kon zulke dingen niet eten zonder ziek te worden, maar Sudhamani deed het helemaal geen kwaad vanwege haar goddelijke staat.

Sudhamani's devotie voor de Goddelijke Moeder bereikte zijn hoogtepunt. Haar verlangen om haar Moeder te zien was zo sterk dat ze vaak urenlang aan een stuk huilde, totdat ze het niet meer uithield en een punt bereikte waarop ze alle uiterlijke bewustzijn verloor.

Op een dag was ze zo bedroefd dat ze uitriep: "Moeder, ik kan de pijn dat ik van u gescheiden ben niet verdragen. Waarom komt u niet naar me toe? Zonder u kan ik niet leven!"

Vele jaren later, toen ze op dit moment terugkeek, zei ze: "Iedere porie in mijn lichaam stond wijd open van verlangen. Ieder atoom in mijn lichaam trilde met de heilige mantra. Mijn hele wezen rende op de Goddelijke Moeder af als een onstuimige rivier."

Ze voelde dat haar hart op het punt stond te breken van verlangen en ze riep: "Moeder, uw kind verlangt zo sterk naar u. Waarom komt u niet? Ik ben als een vis die op het droge geworpen is. Geeft u niets om me? Ik heb u alles gegeven wat ik heb. Nu kan ik u niets anders geven dan mijn laatste adem."

Haar stem stokte en ze zakte op de grond in elkaar. Als ze de Goddelijke Moeder niet kon hebben, was er niets meer om voor te leven. Ze had aan de Goddelijke Moeder alles wat ze had en alles wat ze was, geofferd: haar hele wezen. En nu gaf ze de Goddelijke Moeder haar laatste adem. Sudhamani hield op met ademhalen. Ze stierf bijna.

Maar toen gebeurde er plotseling iets wonderbaarlijks!

De Moeder van het Universum weet alles wat er met haar kinderen gebeurt, en ze had niet de intentie Sudhamani te laten sterven. En dus verscheen de Goddelijke Moeder op dat moment aan haar. De Goddelijke Moeder scheen als een miljoen zonnen. Sudhamani's vreugde kende geen grenzen. Haar hart werd overweldigd door een golf van onbeschrijflijke liefde en gelukzaligheid en ze werd opgetild naar de hoogten van Godsbewustzijn. Naderhand schreef ze een lied waarin ze probeerde te beschrijven hoe het was. Het lied heet "De weg van Gelukzaligheid."

Eens op een keer
danste mijn ziel in vreugde
over de weg van gelukzaligheid.

De Moeder van zoete Gelukzaligheid

Ik trof mezelf in een gouden droom aan
en mijn geest was vol met
alles wat goed en nobel is.

Met zachte, stralende handen
liefkoosde de Goddelijke Moeder mij.
Ik boog mijn hoofd en vertelde Moeder
dat mijn leven aan Haar toebehoort.

Liefdevol glimlachte Moeder naar me.
Ze veranderde in een Goddelijk Licht
en ging in mij op.
Mijn geest bloeide op en
scheen in alle kleuren van de regenboog.

Ik kon de hele wereld zien
en alles wat ooit gebeurd is.
Ik zag dat ik een deel van alles ben,
en dat alles een deel van mij is.
Ik wendde me af van de zinloze
genoegens van de wereld
en ging op in de Goddelijke Moeder.

Moeder zei me dat ik iedereen moest vragen
nooit de reden waarom we geboren zijn te vergeten.
En daarom vertel ik de hele wereld,
en vooral degenen die de weg in het duister kwijt zijn,
de waarheid die Moeder sprak:
"Mijn kinderen, kom en ga in Me op."

Nu tril ik van gelukzaligheid,
als ik me Haar woorden herinner:

*"Mijn liefste kind,
laat alles achter en kom naar Me toe!
Je hoort voor eeuwig bij Me."*

*Zuiver bewustzijn,
belichaming van de Waarheid,
ik zal precies doen wat U zegt.
Moeder, ik weet niets.
Als ik fouten heb gemaakt,
vergeef me dan alstublieft.*

Sudhamani was uiteindelijk één geworden met de Goddelijke Moeder. Niet alleen was de druppel water in de oceaan opgelost, de druppel was de oceaan zelf geworden. Er was geen verschil meer tussen Sudhamani en de Goddelijke Moeder. Sudhamani was de Goddelijke Moeder.

En dus zullen we haar van nu af Moeder noemen.

Ze was zich ervan bewust dat ze overal in het hele universum was. Toen ze later de ervaring aan haar vragenstellende toegewijden probeerde uit te leggen, zei ze: "Ik ervoer hoe de Goddelijke Moeder in al haar verschillende vormen in mijzelf bestaat en ik besefte dat ik niet gescheiden of verschillend van haar ben. Op dat moment zag ik dat de hele Schepping als een klein luchtbelletje in mij bestaat."

Moeder bracht nu haar dagen en nachten alleen buiten door en genoot van de zoete gelukzaligheid van Zelfrealisatie.

Op een dag hoorde ze een stem die zei: "Mijn kind, ik ben in iedereen en niet op één bepaalde plaats. Jij bent niet geboren om alleen maar van de toestand van gelukzaligheid te genieten. Je bent naar de wereld gekomen om de mensen die lijden te helpen. Vereer mij vanaf nu in iedereen en neem hun lijden weg."

Vanaf toen verscheen Moeder niet alleen in Krishna Bhava, maar ook in Devi Bhava, de stemming van de Goddelijke Moeder.

Tijdens Devi Bhava kleedde ze zich in een kleurige sari en droeg een prachtige kroon. Op dat moment liet ze de mensen meer zien van haar eenheid met Devi, de Goddelijke Moeder.

Haar hart stroomde over van liefde en compassie. Zoals een moeder van haar kinderen houdt, zo hield de Heilige Moeder van iedereen, alleen was haar liefde oneindig veel dieper en sterker dan de liefde van een gewone moeder. Als de mensen naar haar toe kwamen, knielden ze voor haar en hield zij iedereen in haar armen. Duizenden mensen begonnen naar haar toe te komen. Ze zegende hen, troostte hen en nam hun lijden weg.

De Moeder van zoete Gelukzaligheid

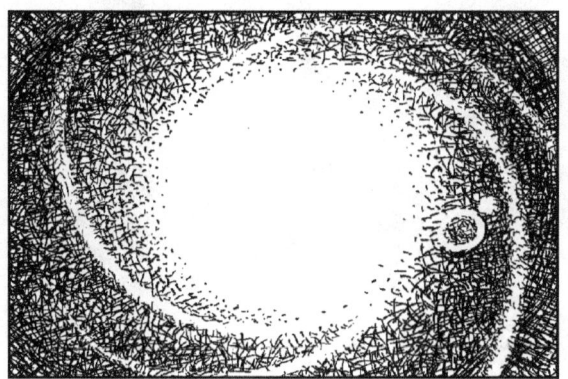

Hoofdstuk 10

Probleemmakers

Moeders familie begreep haar niet. Ze vonden het verschrikkelijk dat zoveel mensen haar kwamen opzoeken. Ze dachten zelfs dat ze het gezin een slechte naam bezorgde omdat ze met zoveel verschillende mensen omging! Om deze reden besloten haar oudere broer Subhagan en enkele neven haar te doden. Ze kwamen op een dag naar haar toe en zeiden haar dat een familielid haar wilde spreken. Dus ging ze met hen naar het huis van dat familielid, maar er was niemand thuis. Ze hadden tegen haar gelogen. Subhagan en haar neven brachten haar het huis in. Een van haar neven haalde een groot mes te voorschijn, dat hij onder zijn kleren verborgen had. Subhagan zei tegen Moeder: "Je gaat te ver. Je geeft de familie een slechte naam. Omdat je niet op zult houden met zingen en dansen en met allerlei mensen om te gaan, is het beter dat je sterft."

Moeder lachte tegen hem en zei: "Ik ben niet bang voor de dood. Vroeg of laat komt er een eind aan het lichaam, maar jij of iemand anders kunt niet mijn echte Zelf doden. Als je een eind aan dit lichaam gaat maken, zal ik je vertellen wat mijn laatste wens is, en het is je plicht die te vervullen. Ik wil dat je me een tijdje laat mediteren en wanneer ik dan in meditatie verzonken ben, staat het je vrij dit lichaam te doden."

Moeder was volkomen kalm. Ze ging zitten, sloot haar ogen en ging in diepe meditatie. Haar gezicht straalde van gelukzaligheid. De mannen stonden zo versteld van haar woorden en van haar vredige, stralende gezicht, dat ze niets konden zeggen.

Plotseling rende de neef die het mes vasthield naar voren en drukte het mes tegen Moeders borst, maar voor hij haar kon verwonden, verstijfde hij en werd door een vreselijke pijn in zijn eigen borst getroffen, precies op de plaats waar hij het mes tegen Moeder gedrukt had. Zijn pijn was zo erg dat hij op de grond in elkaar zakte. Toen de anderen dit zagen, werden ze doodsbang

Op dat moment kwam Damayanti eraan. Ze had het gevoel gehad dat er iets niet in orde was, toen ze haar dochter met Subhagan en hun neven weg zag gaan en ze was hen gevolgd. Toen ze bij het huis kwam, vermoedde ze dat er iets verschrikkelijks gebeurde. Ze schreeuwde uit alle macht en bonsde op de deur, totdat die uiteindelijk opengedaan werd. Damayanti greep Moeders hand beet en leidde haar snel het huis uit.

De neef die het mes tegen Moeder getrokken had, werd erg ziek en moest in het ziekenhuis opgenomen worden. Moeder zocht hem in het ziekenhuis op. Ze voelde geen kwaadheid jegens hem, alleen mededogen. Ze troostte hem liefdevol en gaf hem met haar eigen handen te eten. Toen hij Moeders liefde en vergeving ervoer, had hij diep berouw over wat hij gedaan had en barstte in tranen uit. Hij stierf een paar dagen later.

Kort daarop kreeg Subhagan ernstig last van elefantiasis, maar zelfs toen hij ziek was, was hij vol haat en bedreigde hij Moeders toegewijden. Niet lang daarna werd hij erg gedeprimeerd over zijn ziekte en pleegde zelfmoord.

Sugunanandan en Damayanti waren diepbedroefd, maar Moeder zei tegen hen: "Wees niet bedroefd, want Subhagan zal spoedig weer in deze familie geboren worden." Een paar jaar later trouwde Moeders oudere zus Kasturi en kreeg een zoon met de naam Shivan. Moeder vertelde haar familie dat Subhagan opnieuw geboren was als Shivan. Moeder gaf het jongetje zeer veel liefde. Hij aanbad haar van het allereerste begin en was erg bevriend met haar. Moeders compassie was zo groot, dat ze de ziel van haar broer, die altijd zo wreed tegenover haar was en haar kwaad probeerde te doen, gered had.

Sommige mensen in het dorp waren atheïst en geloofden niet in Moeder. Ze waren zo ontzettend tegen haar dat ze haar pijn wilden doen. Op een dag gingen ze naar een plaats waar Moeder vaak zat te mediteren en strooiden overal scherpe spijkers op de grond. Maar hoewel Moeder daar ging zitten, voelde ze vreemd genoeg niet de geringste prik. De atheïsten werden toen zo kwaad dat enkelen van hen tijdens Krishna Bhava naar haar toegingen. Ze deden alsof ze toegewijden waren en boden haar een glas vergiftigde melk aan. Hoewel Moeder wist dat de melk vergiftigd was, accepteerde ze die en dronk hem op. De mannen wachtten totdat ze instortte en stierf, maar het vergif kon haar niet deren. Vlak daarop draaide Moeder zich in hun richting, braakte de vergiftigde melk voor hun neus uit en ging door met Krishna Bhava alsof er niets gebeurd was. De atheïsten vluchtten snel van de plaats weg.

De vijandige dorpelingen sloten zich nu aan bij een grote groep atheïsten uit verscheidene naburige dorpen en vormden een club die de 'Club van Rationalisten' genoemd werd. Hun doel was de Heilige Moeder kwaad te doen. Ze wilden de mensen laten geloven dat ze een bedriegster was en dat ze helemaal niet heilig was. Ze verspreidden valse geruchten over haar en schreven zelfs negatieve dingen over haar in de kranten.

In die dagen kwam Moeder tijdens Devi Bhava de tempel uit in de goddelijke stemming van Moeder Kali. Ze hield het zwaard en de drietand van de Goddelijke Moeder in haar handen en danste in vervoering. Op een avond brachten de rationalisten een mand vol scherpe, vergiftige doornen mee. Ze gaven de mand aan een groep kinderen en droegen hun op de doornen te verspreiden op de grond waar Moeder altijd danste. Ze zeiden de kinderen dat ze op moesten passen dat ze de doornen niet aanraakten. Toen Moeder die avond de tempel uitkwam, wist ze wat er gebeurd was, ook al had niemand het haar verteld. Ze informeerde haar toegewijden over de doornen en vroeg hun om op de plaats te blijven waar ze stonden. Moeder begon toen haar goddelijke dans te dansen met het zwaard en de drietand in haar handen. Het was een dans zoals ze nooit eerder gezien hadden. Ze hadden het gevoel dat Moeder Kali, de Vernietigster van al het kwaad, zelf voor hen danste. Ze danste op blote voeten op de veranda voor de tempel. Plotseling sneed haar zwaard de touwen door waarmee enkele afbeeldingen aan de muur hingen. De afbeeldingen vielen met een klap op de grond, waardoor het gebroken glas zich over de hele veranda verspreidde. Maar Moeder lette er niet op en ging door met dansen. Ze danste op het gebroken glas alsof het zachte bloemblaadjes waren.

Toen stapte Moeder van de tempelveranda af, ging direct naar de plaats waar de doornen uitgestrooid waren en danste op de vergiftige doornen.

De rationalisten die gekomen waren om haar kwaad te doen, waren hoogst verwonderd toen zij haar op de doornen zagen dansen. Ze stonden daar te wachten totdat haar voeten zouden bloeden en met doornen bedekt zouden zijn. Ze waren er zeker van dat ze weldra door het vergif in zou storten, maar er gebeurde niets. Later, toen Devi Bhava voorbij was, kwam haar bezorgde vader naar haar toe met medicijnen om op haar voeten te doen, maar hij ontdekte dat er niet het geringste krasje of wondje op haar voeten zat.

Op een dag stuurden de rationalisten een kwaadaardige tovenaar op Moeder af tijdens Devi Bhava. De tovenaar stond bekend om zijn zwarte magie. Hij had veel mensen in het verleden kwaad gedaan en nu ging hij zijn dodelijke tovenaarskunst op Moeder uitproberen. Hij gaf haar wat as, terwijl hij voorwendde dat het een geschenk van heilige as was, maar er was niets heilig aan. Het was gewone as die hij vergiftigd had met zijn kwade magie. De as was zo krachtig dat het gemakkelijk degene die het gebruikte kon doden. Zodra de tovenaar de as aanbood, wist Moeder wat het was, maar ze zei niets. Ze accepteerde het en smeerde het op haar lichaam. Ze dacht: "Als het Gods wil is dat dit lichaam hierdoor sterft, laat het dan gebeuren. Niemand kan aan Gods wil ontkomen." De man was er zeker van dat Moeder door zijn kwaadaardige magie zou sterven, zoals zovele anderen gestorven waren. Maar tot zijn grote verbazing gebeurde er niets. Niet lang daarna werd de zwarte magiër krankzinnig en bracht zijn laatste dagen als een gekke bedelaar op straat door.

De rationalisten weigerden het op te geven. Ze huurden zelfs een moordenaar in, die tijdens Devi Bhava met een mes verborgen onder zijn kleren de kleine tempel inging. Zodra Moeder hem zag, glimlachte ze liefdevol naar hem. Haar glimlach had een vreemde uitwerking op hem. Hij viel aan haar voeten en smeekte haar hem te vergeven voor wat hij had willen doen. Als een ander mens liep hij de tempel uit. Toen de rationalisten de verandering in hem zagen, beledigden ze hem, maar hij glimlachte alleen maar naar hen. Van toen af was hij een toegewijde van Moeder.

De rationalisten gingen nu naar de politie en logen tegen hen over Moeder. Ze beschuldigden haar van misdaden die ze nooit begaan had. Een groep politieagenten reageerde hierop door naar Moeder toe te gaan en haar te ondervragen. Moeder lachte toen ze hen zag en zei: "Arresteer me alstublieft als u dat graag wilt en sluit me in uw gevangenis op. Daar kan ik ten minste alleen zijn en dan kan ik de hele tijd mediteren en aan God denken. Als het Gods wil is, laat het dan gebeuren." Ze bleef vrolijk lachen terwijl ze haar armen naar hen uitstak. De politieagenten stonden sprakeloos. Toen ze de stralende liefde en vreugde op haar gezicht zagen, begrepen de meesten van hen dat ze voor een grote ziel stonden en ze waren vol ontzag. Ze knielden aan haar voeten en voelden zich gezegend. De politieagenten gingen spoedig weg en hadden nooit meer enige twijfel over Moeder. En zo waren de rationalisten er weer niet in geslaagd haar kwaad te doen.

Moeder, die alles wist en in de toekomst kon kijken, zei dat er spoedig een einde zou komen aan de Club van Rationalisten. Dit is precies wat er gebeurde. De leden van de club begonnen met elkaar ruzie te maken. Bij sommigen onder hen was er iets in hun hart veranderd. Ze begonnen in Moeder te geloven en realiseerden zich dat ze een vreselijke fout begaan hadden. Deze mensen werden haar toegewijden en twee leiders trouwden later met Moeders zussen. Zo kwam er een einde aan de Club van Rationalisten.

Toen Moeders vader de kleine tempel in de koeienstal voor haar gemaakt had, kon hij zich absoluut niet voorstellen dat er duizenden mensen zouden komen om haar te zien. Er stroomden steeds meer mensen binnen tijdens Krishna Bhava en Devi Bhava en Sugunanandan was hierover van streek. Hij kon het niet uitstaan dat ze met zoveel vreemdelingen omging. Zoals de anderen in de familie dacht hij dat ze de familie een slechte naam gaf. Voor Sugunanandan was Moeder gewoon zijn dochter. Hij was ook bezorgd omdat Moeders lichaam na iedere Devi Bhava zo stijf als een plank werd. Iemand moest haar urenlang masseren om haar lichaam weer normaal te laten worden.

Op een avond toen hij uitzonderlijk bezorgd was, ging hij tijdens Devi Bhava naar Moeder. Jaren geleden had ze tegen hem gezegd dat alleen God haar echte Vader en Moeder was en nu noemde ze hem 'pleegvader' toen ze tegen hem sprak. Sugunanandan, die al een slecht humeur had vanwege al zijn zorgen, ontplofte bijna van woede toen ze hem zo noemde. Hij schreeuwde tegen haar: "Hebben goden en godinnen pleegouders? Godin, ik wil mijn dochter terug!" Moeder antwoordde: "Als ik je je dochter teruggeef, krijg je alleen maar een dood lichaam en zul je haar moeten begraven." Moeder bedoelde dat Sugunanandan alleen de vader van haar lichaam was, hij was niet de vader van haar ziel. Zijzelf, het eeuwige Zelf dat nooit kan sterven, behoorde niemand toe. Als hij dus zijn dochter terugwilde, kon hij alleen het lichaam krijgen, niets anders. Maar Sugunanandan was niet in de stemming om te luisteren. Hij eiste: "Laat de Goddelijke Moeder vertrekken en naar haar eigen plaats gaan. Ik wil mijn kind terug!" Moeder zei tegen hem: "Als dat is wat je wilt, dan is hier je dochter. Neem haar!" Moeder stortte in en viel op de vloer. Haar ogen waren nog open, maar ze bewoog niet. Haar hart hield op met kloppen en haar lichaam werd stijf. Er was toevallig een dokter onder de toegewijden. Hij voelde Moeders pols, maar er was geen teken van leven. Hij sloot zachtjes haar ogen en verklaarde dat ze dood was.

De mensen waren kapot. Velen huilden. Anderen werden hysterisch tengevolge van een shock. Eerst stond Sugunanandan daar gewoon, volledig overweldigd. Hij wist niet wat hij moest doen. Toen realiseerde hij zich dat het door hem kwam dat zijn dochter gestorven was. Hij was zo door verdriet overmand dat hij instortte.

Er werden olielampjes rondom Moeders lichaam aangestoken. Iedereen had de hoop opgegeven. De mensen waren zo diepbedroefd dat ze niet konden praten. Alles was stil rondom de tempel. Zelfs Moeder Natuur was stil. Je kon geen enkele golf tegen de kust horen breken, geen krekel tjirpte en de wind hield op door de bomen te ritselen.

Er ging acht uur voorbij, maar niemand bewoog zich. Iedereen zat stil rondom Moeders lichaam. Toen stond Sugunanandan op en huilde hardop. Met tranen die over zijn gezicht rolden, riep hij uit: "Goddelijke Moeder, ik smeek u mij te vergeven. Ik wist niet wat ik zei. Breng mijn dochter alstublieft weer tot leven. Vergeef het me. Ik zal zoiets nooit meer zeggen." Toen hij bad, viel hij op de grond en huilde onbeheerst.

Plotseling merkte iemand op dat Moeders lichaam een beetje leek te bewegen. Hadden ze zich dat ingebeeld of bewoog ze echt? Langzaam opende Moeder haar ogen en kwam ze weer tot leven. Ze was volkomen sterk en gezond, alsof er niets gebeurd was. De vreugde en opluchting van iedereen kende geen grenzen.

Vanaf die dag vond er een grote verandering in Sugunanandan plaats. Hij begreep uiteindelijk dat zijn dochter de Goddelijke Moeder zelf was. Van toen af hield hij op met te proberen haar te veranderen en liet haar doen wat ze wilde.

Hoofdstuk 11

De wereld omhelzen

Toen Moeder in 1975 voor het eerst haar eenheid met God in de vorm van Krishna en Devi openbaar maakte, zei ze tegen haar vader: "Vraag niemand om iets. Alles zal naar je toekomen zonder dat je erom hoeft te vragen. God zal je zegenen en je alles geven wat je nodig hebt. In de toekomst zal deze plek een groot spiritueel centrum worden. Mijn toegewijden zullen vanuit de hele wereld hierheen komen. Duizenden toegewijden zullen als je eigen kinderen en je familie voor je worden."

Kort daarop verliet de eerste groep Indiase jongemannen hun ouderlijk huis en kwam bij Moeder wonen. Moeder overstelpte de *brahmachari's*[7] met liefde en behandelde hen alsof ze haar eigen kinderen waren. Onder de vleugels van haar liefdevolle bescherming begonnen ze een leven van verzaking te leiden. Hun verlangen bij haar te zijn was zo intens dat ze er niet op letten dat er nauwelijks iets te eten was. Ze brachten de meeste tijd buiten door en sliepen op de grond zonder zelfs maar een matje. Alles wat ze echt nodig hadden, kwam naar hen toe zonder dat ze erom hoefden te vragen en ze deelden alles met elkaar. Ze hadden geen geld. Telkens als ze ergens heen moesten, liepen ze, zelfs als het een grote afstand was. Ze hadden ieder maar één stel kleren, maar ze leerden het daarmee te doen.

Op een dag was een brahmachari gedeprimeerd, omdat zijn enige stel kleren vuil en versleten was. Hij klaagde bij Moeder over hun armoede. Ze zei tegen hem: "Vraag God niet om zulke kleine dingen. Geef je aan zijn voeten over en hij zal je alles geven

---

[7] Een brahmachari of brahmacharini is een spirituele leerling die door een guru opgeleid wordt.

wat je echt nodig hebt." Moeder had zelf op die manier geleefd en sprak daarom uit eigen ervaring. De volgende dag bracht een toegewijde die niet wist hoe ontzettend arm ze waren, nieuwe kleren voor alle brahmachari's mee.

Door de moeilijke omstandigheden in die eerste dagen van de ashram kregen de brahmachari's een veelzijdige training in verzaking. Om hen te bemoedigen zei Moeder vaak: "Als jullie de training die jullie hier krijgen kunnen doorstaan, zullen jullie je overal thuis kunnen voelen. Als jullie deze moeilijke situaties te boven kunnen komen, zal het in de toekomst gemakkelijk voor jullie zijn om aan iedere moeilijkheid het hoofd te bieden."

In de begintijd, toen Moeders ashram werd opgericht, gaf een van haar leerlingen haar de naam 'Mata Amritanandamayi Devi' en dat is de naam waaronder ze nu over de hele wereld bekend staat. Maar de meeste mensen noemen haar 'Amma' wat 'Moeder' betekent.

Moeders familie realiseerde zich geleidelijk dat Moeder de Goddelijke Moeder zelf was en er vond een enorme verandering in hen plaats. Sugunanandan en Damayanti vroegen zich vaak af wat voor goede daden ze in hun vorige levens verricht hadden om de 'ouders' van de Goddelijke Moeder te worden.

Als men Moeder vroeg waarom ze geboren was onder zulke moeilijke omstandigheden, waarin ze verkeerd begrepen, uitgescholden en verworpen werd door haar eigen familie en veel dorpelingen, antwoordde ze dat ze gekozen had om in die situatie geboren te worden om de mensen te inspireren en aan te moedigen. Ze wilde de mensheid laten zien dat men Zelfrealisatie kan verkrijgen zelfs onder de moeilijkste omstandigheden die men zich kan indenken.

Moeder heeft ook beweerd dat ze altijd in dezelfde toestand van het hoogste bewustzijn is geweest, dat ze altijd, zelfs als baby, zich volledig bewust was van haar eenheid met God. En daarom gelooft men dat ze die vroege jaren van verlangen en streven naar eenheid met Krishna en de Goddelijke Moeder doormaakte om anderen een voorbeeld te geven.

Nu heet de plaats waar Moeder opgroeide Amritapuri en Moeders huis is een ashram geworden die Mata Amritanandamayi Math heet. Moeder traint hier honderden mannen en vrouwen die besloten hebben hun leven aan God en het dienen van de mensheid te wijden. Duizenden gezinnen, zowel in India als over de hele wereld, zien de ashram als hun spirituele thuis.

In de ashram kan men vaak zien dat Moeder met iedereen samenwerkt, stenen en zand draagt, groenten snijdt, enzovoorts. Wanneer er moeilijk of vies werk gedaan moet worden, zegt Moeder niet tegen de mensen: "Ga het doen." In plaats daarvan gaat Moeder zelf het werk doen. Spoedig komt iedereen aanhollen om te helpen en in een mum van tijd is het werk gedaan.

Moeder leert haar kinderen altijd door haar eigen voorbeeld. Op een keer was er een gat in het dak van een hut waar de bewoners verbleven, dus als het regende, lekte er water in de hut. De twee brahmachari's die het dak hoorden te repareren, bleven het werk uitstellen. Ze bleven zeggen: "Laten we het liever morgen doen," en dus werd het nooit gedaan. Moeder kwam hier op een morgen achter. Ze ging onmiddellijk naar de hut, vroeg om een ladder en klom op het lekkende dak om het te repareren. Toen de brahmachari's ontdekten wat Moeder deed, kwamen ze aanrennen. Ze smeekten haar van het dak af te komen zodat zij het konden repareren, maar ze wilde er niets van horen. Moeder repareerde het dak zelf, terwijl de twee brahmachari's naar haar stonden te kijken en zich diep schaamden. Daarna deden de brahmachari's altijd onmiddellijk het werk dat ze moesten doen, zonder het uit te stellen tot 'de volgende dag'.

Een andere keer gaf een ziek meisje dat naar de ashram gekomen was, over op een sari. Een brahmacharini die voor Moeder zorgde en die Moeders kleren gewoonlijk waste, walgde er zo van dat ze het vieze kleed met een stok oppakte en het aan de man van de wasserij mee wilde geven. Toen Moeder dit zag, zei ze: "Als je God niet in iedereen kunt zien en als je niet iedereen gelijk kunt dienen, wat heeft het dan voor nut dat je zoveel jaren gediend en gemediteerd hebt? Is er verschil tussen Moeder en dat zieke meisje?" Moeder pakte toen het kleed en waste het zelf.

Moeder heeft ieder moment van haar leven, zowel overdag als 's nachts, gewijd aan het dienen van de mensheid. Omdat Moeder altijd aan anderen denkt, is ze geneigd zichzelf te vergeten en merkt ze niet eens op dat ze honger of dorst heeft of vermoeid is. Iedere dag komen honderden, vaak duizenden mensen naar Moeder voor haar darshan. Ze vertellen haar over hun problemen en Moeder luistert uren achter elkaar naar hen. Ze veegt hun tranen af en verlicht hun lijden. Iedereen die naar Moeder toe komt, krijgt van haar een omhelzing. Door de jaren heen heeft Moeder miljoenen mensen liefdevol omhelsd. Of ze nu jong of oud zijn, rijk of arm, goed of slecht, ze accepteert hen allemaal met dezelfde buitengewone liefde en tederheid. Moeder is hun gids en steun. Ze troost hen en helpt hen door al hun moeilijkheden heen.

Moeder doet alles wat ze kan om degenen die arm zijn en lijden te helpen. Ze heeft een weeshuis in de buurt van de ashram, waar haar brahmachari's en brahmacharini's voor honderden jongens en meisjes zorgen die geen ouders hebben of van wie de familie hen naar Moeder gebracht heeft, omdat ze te arm zijn om hun te eten te geven. Moeder heeft het heel druk, maar ze brengt steeds wanneer ze dat kan, tijd bij haar kinderen door. Ze speelt met hen, zingt en danst met hen, dient het eten voor hen op en geeft ze allemaal een knuffel en een kus. De kinderen voelen dat Moeder hun eigen moeder is.

Naast het weeshuis heeft Moeder talrijke scholen opgericht en instellingen voor hoger onderwijs en computeropleiding. Ze heeft studiebeurzen ingesteld, zodat degenen die niet veel geld hebben, toch hoger onderwijs kunnen krijgen. Moeder wil dat zoveel mogelijk mensen goed onderwijs krijgen, zodat ze beter werk kunnen krijgen en voor hun gezin kunnen zorgen.

Moeder heeft ook ziekenhuizen voor de armen gebouwd, ze heeft duizenden huizen voor de daklozen gebouwd. Ze geeft mensen die honger lijden te eten en helpt de mensen op talloze andere manieren.

Moeder zegt dat de wereld als een bloem is en dat de verschillende landen de bloemblaadjes van die bloem zijn. Ieder jaar reist Moeder naar veel landen over de hele wereld, naar de verschillende bloemblaadjes van de wereldbloem, om de tienduizenden mensen te ontmoeten die haar als hun spirituele Meester en Geliefde Moeder beschouwen. Ze steekt de hand uit naar hen die lijden en probeert hen te helpen. In haar aanwezigheid worden de mensen goedaardig en zij die eenzaam zijn ontdekken dat ze een Goddelijke Vriend hebben die er altijd voor hen is. Moeder geeft hoop aan degenen die wanhopen en tovert een glimlach te voorschijn op het gezicht van de mensen.

Moeder leert ons dat het belangrijkste in het leven is, dat we van elkaar houden en zorgen voor degenen die minder fortuinlijk zijn dan wij. Ze inspireert mensen hun hart voor God te openen. Als we haar advies opvolgen, kan ieder van ons van deze wereld een veel gelukkigere en liefdevollere plaats om te leven maken.

Moeder zegt: "Er stroomt een voortdurende stroom van liefde van Moeder naar alle wezens in het universum. Dat is Moeders ingeboren aard."

Deel 2

Ervaringen van Moeders kinderen

Krishna's Kroon

Takkali was een meisje van zeven jaar. Ze was het nichtje van Swami Purnamritananda. Haar echte naam was Shija, maar Moeders troetelnaampje voor haar was 'Takkali', wat tomaat betekent. Takkali had één wens die ze nooit aan iemand verteld had. "O God," bad ze, "als u me de kroon laat dragen die Moeder tijdens Krishna Bhava draagt, dan zou ik zo gelukkig zijn." Maar niemand behalve Moeder had die kroon ooit gedragen en Takkali wist dat haar wens onmogelijk vervuld kon worden.

Op Krishna's verjaardag ging Takkali met haar ouders naar de ashram. Toen ze op het pontje over de backwaters naar de ashram ging, zag ze dat Moeder bij de aanlegplaats op haar stond te wachten. Zodra Takkali en haar familie uit de boot stapten, nam Moeder Takkali bij de hand en liep met haar naar de ashram. Daar zagen ze een groep kinderen in kleurige kostuums. Om Krishna's verjaardag te vieren gingen de kinderen een volksdans uitvoeren, wat een toneelstukje over Krishna's jeugd in Vrindavan was. Moeder leidde Takkali de tempel in en deed haar mooie kleren aan, het soort kleren dat Krishna droeg. Plotseling zette Moeder tot grote vreugde van het meisje de Krishna Bhava kroon op haar hoofd! Nu zag ze er precies uit als Krishna toen hij een kind was! Moeder leidde Takkali naar buiten en liet alle kinderen in een kring staan met Takkali in het midden. Toen vroeg Moeder hun rondom Takkali te dansen, alsof ze Krishna was. Dit was de gelukkigste dag van Takkali's leven. Ze had Moeder haar wens nooit verteld, maar Moeder wist alles en ze liet Takkali's droom uitkomen. God vervult de wensen van degenen die onschuldig en zuiver van hart zijn.

Dattan de melaatse

Dattan was een melaatse. Hij was nog maar een jongeman toen hij de vreselijke ziekte kreeg. Toen zijn ouders ontdekten dat hun zoon melaatsheid had, zetten ze hem het huis uit. Zijn hele familie keerde zich tegen hem en wilde niets meer met hem te maken hebben. Door zijn ziekte kon Dattan geen werk krijgen en dus werd hij bedelaar. Hij bedelde om voedsel en bracht zijn dagen en nachten door op het terrein van een tempel.

In de loop der tijd werd zijn hele lichaam bedekt met zweren vol stinkende pus. Hij verloor al het haar op zijn hoofd en zijn ogen werden zo geïnfecteerd en opgezwollen dat er alleen maar twee spleetjes waren waar zijn ogen geweest waren. Hij was bijna blind. De mensen walgden wanneer ze hem zagen. Ze wilden niets met hem te maken hebben en weigerden hem zelfs voedsel te geven. Daarom leed hij vaak honger.

Hij probeerde zijn lichaam met een grote doek te bedekken, maar dit was erg pijnlijk omdat de doek aan de zweren bleef plakken. Door zijn wonden vielen vliegen en andere insecten hem voortdurend lastig. Hij mocht nooit in een bus stappen, omdat de mensen zo geschokt waren door zijn ziekte. Zelfs de andere bedelaars lieten hem niet bij zich in de buurt komen. Als de mensen hem alleen al zagen, knepen ze hun neus dicht en renden weg. Sommigen spuugden zelfs op hem. Niemand gaf om hem. Dattan hoorde van niemand ooit een vriendelijk woord. Niemand glimlachte ooit naar hem of toonde hem enig mededogen. Zijn leven was een nachtmerrie. Hij had het gevoel dat hij het meest waardeloze schepsel in de hele wereld was.

Toen hoorde hij op een dag iemand over de Heilige Moeder praten. Hij klampte zich aan dit sprankje hoop vast en besloot naar haar toe te gaan. Hij kwam op een avond tijdens Devi Bhava, maar niemand liet hem de tempel in om naar Moeder te gaan. Hij zag er zo lelijk uit met zijn gezicht en hele lichaam vol zweren en hij stonk door alle pus. Toen de mensen hem zagen, zeiden ze hem dat hij weg moest gaan. "Ga weg!" schreeuwden ze naar hem. Dattan had het gevoel dat zijn hart in duizend stukken brak, want het leek hem dat zelfs God hem haatte. Maar toen kreeg Moeder Dattan plotseling in het oog door de open ingang van de tempel. Ze riep uit: "Mijn zoon! Mijn zoon! Kom naar me toe!"

Dattan ging de tempel in en benaderde Moeder verlegen. Hij verwachtte dat zij dezelfde afkeer als iedereen zou tonen, maar Moeder leek zijn lelijkheid of de stank van zijn lichaam niet op te merken. Voor het eerst in lange tijd, langer dan hij zich kon herinneren, zag hij een vriendelijk gezicht. En wat zag hij veel liefde en compassie op dat gezicht! Moeder liefkoosde hem met veel affectie. Ze sloeg haar armen om hem heen en hield hem dicht tegen zich aan, alsof hij het meest aanbiddelijke kind op aarde was.

De mensen waren geschokt toen zij zagen wat Moeder vervolgens deed. Moeder begon zijn met pus geïnfecteerde wonden te likken, zoog het pus en het bloed eruit en spuugde het in een schaaltje. Ze nam de melaatse mee naar de achtertuin achter de tempel en gaf hem een bad door potten water over zijn hoofd te gieten. Toen bracht ze heilige as op zijn hele lichaam aan en bedekte zijn zweren met as. Dattan was overdonderd door haar moederlijke liefde. Vanaf die nacht kwam hij haar bij iedere Devi Bhava opzoeken. Moeder verrichte altijd hetzelfde ritueel met hem: ze likte zijn wonden, gaf hem een bad en smeerde heilige as op zijn lichaam. Iedere keer behandelde ze hem met zoveel liefde alsof hij haar meest geliefde kind was. Toen Moeders toegewijden haar vroegen hoe ze dit kon doen, antwoordde ze: "Wie anders is er om voor hem te zorgen en van hem te houden? Amma ziet zijn uitwendige lichaam niet, ze ziet alleen zijn hart. Amma kan hem niet de rug toekeren. Hij is mijn zoon en ik ben zijn Moeder. Kan een moeder haar kind in de steek laten?"

Dattan werd een ander mens. Bijna al zijn zweren genazen. Moeders speeksel was zijn goddelijke medicijn. Zijn ogen gingen open en hij kon weer duidelijk zien. Er kwam weer haar op zijn hoofd. Hij kon opnieuw vrij reizen in een bus zonder dat er iemand door zijn aanwezigheid gestoord werd. De mensen praatten met hem en gaven hem voedsel. Hoewel de littekens van de vreselijke ziekte nog steeds op Dattans lichaam bleven, was alle pus verdwenen en stonk hij niet meer. Hij kon weer een hemd en een *dhoti* (lendendoek) dragen zonder dat de doek aan zijn lichaam bleef plakken, wat pijn veroorzaakte. Dankzij Moeders genade was Dattan gelukkig. Moeder had hem een nieuw leven gegeven.

Moeder geneest een verlamde jongeman

Toen Moeder in 1998 de Verenigde Staten bezocht, hoorde ze over een jongeman die in een ziekenhuis bij Boston lag. Hij was volledig verlamd. De jongeman, die oorspronkelijk uit India kwam maar wiens familie nu in de V.S. woonde, liep op een dag in Boston over straat, toen er een grote steiger van een gebouw in aanbouw viel en op hem terechtkwam. Hij werd ernstig gewond en was sindsdien helemaal verlamd. De dokters konden niets doen. Zijn ouders gingen naar Moeder, toen zij darshan gaf in New York. Zij vroegen haar of het mogelijk was dat zij hun zoon kwam opzoeken. Moeder stemde ermee in. Op weg van New York naar Boston stopte Moeder bij het ziekenhuis om naar de jongen te gaan. Toen Moeder de kamer inkwam, zat hij in een rolstoel. Er was speciaal voor Moeder een stoel neergezet. De familie had die met prachtige Indiase zijde bedekt, maar Moeder leek de stoel niet op te merken. Ze ging direct naar de jongen toe en ging voor hem op de grond zitten. Ze keek naar hem met een uitdrukking van oneindig mededogen en aaide over zijn nutteloze benen. Toen nam ze zijn ene voet in haar handen en kuste die. Ze zette zijn voet heel voorzichtig neer, tilde toen zijn andere voet zachtjes op en kuste die. De jongen en zijn ouders waren zo overmand door Moeders liefde en nederigheid, dat ze moesten huilen. Zelfs de swami's (monniken en nonnen) die met Moeder meereisden, kregen tranen in hun ogen. Moeder bleef een poosje bij de jongeman en vertrok toen naar Boston. Twee uur later ontdekte hij dat hij kon lopen! Dankzij Moeders genade was hij volledig genezen.

De operatie van Krishnan Unni

Krishnan Unni Nair woonde in Los Angeles. Zijn ouders waren sterk toegewijd aan Moeder. Steeds als Moeder naar Los Angeles kwam, verbleef ze in hun huis.

Toen Krishnan Unni vijf jaar was, moest hij een herniaoperatie ondergaan. Zijn ouders waren hierover zo bezorgd dat ze een boodschap naar Moeder in India stuurden. De dag voor de operatie belde Moeder hen op en zei: "Mijn kinderen, maak je geen zorgen. Er is absoluut niets om je zorgen over te maken. Amma zal tijdens de operatie bij Krishnan Unni zijn."

De volgende dag bracht men Krishnan Unni naar het ziekenhuis. Onderweg vertelden zijn ouders hem verhalen over Moeder en Krishna om hem op te monteren.

Net voordat hij de operatiekamer ingereden werd, legde Krishnan Unni's moeder hem uit dat ze niet met hem naar binnen kon gaan. Ze zei: "Vergeet niet wat Amma gisteren door de telefoon gezegd heeft, dat alles goed met je zal gaan en dat ze bij je zal zijn."

"Ja," fluisterde Krishnan Unni.

Toen hij een paar uur later uit de narcose kwam en wakker werd, zat zijn moeder naast hem. Ze glimlachte naar hem en zei: "Zie je wel, het gaat goed met je. Amma zei dat alles goed zou gaan, nietwaar?"

De kleine jongen keek op naar haar en zei: "Ik weet het, mam. Ik zag Amma. Ze stond de hele tijd naast me met haar hand op mijn schouder."

Daarna zijn Krishnan Unni en zijn familie naar India verhuisd. Krishnan Unni woont bij zijn familie in de ashram in Amritapuri. Zijn vader is de medisch directeur geworden van AIMS, Moeders ultramoderne ziekenhuis.

Een klein meisje komt weer tot leven

Bij Moeder in de buurt woonde een meisje dat Shayma heette. Ze leed aan zware astma. Op een dag had Shayma zo'n ernstige astma-aanval dat haar grootmoeder haar snel naar het ziekenhuis bracht. Maar ze kwam te laat. Shayma was overleden toen ze aankwam. Toen de dokters grootmoeder vertelden dat haar kleinkind overleden was, was de oude vrouw door verdriet overmand. Ze pakte het lichaampje op en droeg het het ziekenhuis uit. Ze stapte in een bus en hield het dode meisje de hele weg naar huis op haar schoot vast.

Toen de oude vrouw in het dorp kwam, ging ze direct naar Moeders tempel. Ze huilde luid en legde het dode kind op de heilige stoel waarop Moeder altijd zat tijdens Devi Bhava. Op dat moment bezocht Moeder toevallig een ander huis waar ze devotionele liederen zong. Moeder voelde zich plotseling erg rusteloos. Ze hield opeens op met zingen en rende naar de tempel. Daar trof ze de oude grootmoeder huilend en jammerend aan naast het levenloze lichaam van het kind dat over de stoel lag.

De oude vrouw smeekte Moeder het kind te redden. Moeder ging op de grond zitten en tilde het lichaam op haar schoot. Met het dode kind dat in haar schoot lag, begon ze te mediteren. Moeder zat lange tijd in meditatie. Plotseling opende het meisje haar ogen en kwam geleidelijk weer tot leven. Tranen van vreugde stroomden over grootmoeders wangen. Overmand door dankbaarheid omhelsde ze Moeder steeds opnieuw.

Het vertrouwen van een kind

In 1993 bezocht Moeder drie dagen lang Vancouver in Canada. Daar ontmoette de familie Herke Moeder voor de tweede keer. Een week later maakten de Herkes zich klaar om naar Californië te rijden, waar Moeders programma verderging. Op de dag dat ze zouden vertrekken, kwamen de ouders van een schoolvriendin van Sharada Herke naar school om alle kinderen te vragen om voor hun twee jaar oude zoontje te bidden. Vijf dagen geleden was hij in een zwembad gevallen en minstens vijf minuten onder water geweest. Hoewel hij nog in leven was, was hij die vijf dagen steeds in coma geweest. De dokters zeiden dat hij, zelfs als hij zou herstellen, zeker hersenletsel zou hebben. Maar omdat er al vijf dagen voorbij waren en hij niet wakker geworden was, dachten ze niet dat hij het zou overleven. Toen Sharada en haar familie naar Californië vertrokken, zei Sharada: "Ik weet wat ik zal doen. Ik zal het tegen Moeder zeggen."

Toen ze in de ashram aankwamen, was Moeder in Devi Bhava. Sharada ging direct naar Moeder en vertelde haar over het jongetje. Moeder keek lange tijd naar Sharada en zei toen dat ze voor hem zou bidden.

De volgende dag zei Moeder tegen Sharada dat ze dacht dat het goed met de jongen zou gaan, en dat Sharada zich geen zorgen hoefde te maken.

Pas toen het gezin een paar weken later naar Canada terugkeerde, vernamen zij de rest van het verhaal. Op dezelfde avond dat Sharada Moeder over het ongeluk van de jongen verteld had, werd hij plotseling wakker, volkomen gezond, alsof hij gewoon een nacht goed geslapen had, hoewel hij toen zes dagen in coma geweest was. De dokters zeiden dat het een wonder was. Er was helemaal geen aanwijzing voor hersenletsel en het lange revalidatieprogramma dat in zulke gevallen gewoonlijk nodig is, was in zijn geval helemaal niet nodig. Dit gebeurde allemaal dankzij Sharada's onschuldige vertrouwen. Ze voelde dat ze alleen maar Moeder hoefde vertellen over het ongeluk van het jongetje en dat dan alles in orde zou komen. En dat is precies wat er gebeurde.

De mangoboom

Niet alleen mensen zijn Moeders kinderen, Moeder houdt evenveel van dieren en planten als van mensen. Ze is de Moeder van alle schepsels. Nu volgt de ervaring van een kind van Moeder dat een boom was.

Enkele brahmachari's hadden een jonge mangoboom uit de grond gehaald en hem ergens anders geplant. Helaas kwam de boom door de verplaatsing in een shocktoestand en verwaarloosden de brahmachari's hem. Daarom kwijnde de boom weg en stierf. Enige tijd later liep Moeder buiten en kwam toevallig langs de dode boom. Toen ze hem zag, was haar gezicht vol pijn. Ze boog voorover en kuste de boom. Ze was als een moeder met een gewond kind. De brahmachari's zagen dat haar ogen vol tranen waren. Ze waren diep geraakt toen ze haar duidelijke liefde en mededogen met de natuur zagen, haar diepe bezorgdheid voor een boompje. Toen ze Moeders tranen zagen, begonnen zij ook te huilen.

Moeder zei tegen hen: "Kinderen, vernietig alsjeblieft nooit meer leven op deze manier. Iemand op het spirituele pad mag zoiets nooit doen. Ons doel is overal leven te ervaren, te voelen hoe alles leeft. We moeten proberen zoiets niet te vernietigen, omdat we het recht niet hebben te vernielen. Alleen God, die creëert en voor alles zorgt, heeft het recht te vernietigen. Jullie mogen niet vergeten dat alles vol bewustzijn en leven is. Zoiets als zuivere materie bestaat niet, alles is bewust. God is overal."

Toen Moeder ophield met praten, omhelsde ze de boom en vroeg hem de brahmachari's te vergeven wat ze hadden gedaan. Een paar dagen later ontdekten de brahmachari's dat de boom weer tot leven was gekomen en dat er nieuwe bladeren aan groeiden. Moeders goddelijke kus en haar liefde hadden de dode boom wakker gemaakt.

Een bloem voor Krishna

Bhaskaran was een van Moeders buren. Hij was een oudere man die de kost verdiende door van dorp naar dorp te reizen en daar de Srimad Bhagavatam en andere geschriften te reciteren. Hij accepteerde dan het geld dat hem voor zijn diensten werd aangeboden. Hij had over Moeders Krishna Bhava gehoord en kwam een paar keer, maar hij was niet echt overtuigd dat hij Krishna zelf zag tijdens Krishna Bhava.

Op een keer had hij 's nachts een levendige droom. Krishna verscheen aan hem en zei: "Zoon, je bent zoveel jaren van dorp tot dorp rondgetrokken met mij (de Srimad Bhagavatam) onder je arm, en wat ben je ermee opgeschoten? Ik sta hier voor je neus in het huis naast je en je herkent me niet! Wat een dwaas ben je!" Bhaskaran werd met een schok wakker. Van toen af ging hij vaak naar Krishna Bhava.

Op een dag kwam hij op de terugweg vanaf een dorp in de buurt langs een vijver naast een tempel en bewonderde de schoonheid van de lotusbloemen die op het water dreven. Hij dacht: "Wat zou het leuk zijn als ik een van die lotusbloemen aan Krishna kon aanbieden tijdens Krishna Bhava." Hij ging naar de tempelpriester en vroeg of hij een lotusbloem als offergave voor

Krishna mocht plukken. Toen hij toestemming gekregen had, plukte hij een prachtige roze lotus en ging op weg naar Moeder.

Onderweg hield een alleraardigst jongetje hem aan en smeekte hem om hem de bloem te geven. Bhaskaran stond voor een dilemma. Hij voelde een onbegrijpelijke aantrekking tot de jongen en een sterk verlangen hem de bloem te geven om hem gelukkig te maken. Maar tegelijkertijd voelde hij dat het verkeerd zou zijn een gewoon iemand iets te geven wat bedoeld was voor de verering van God. Uiteindelijk won zijn hart het van zijn plichtbesef en gaf hij het jongetje de lotus.

Toen hij in de ashram kwam, was Moeder al in Krishna Bhava. Zodra hij de tempel inging, riep zij hem naar zich toe en vroeg glimlachend: "Waar is de bloem?" Bhaskarans hart sloeg over. Hij was zo verrast dat hij geen woord kon zeggen. Moeder tikte hem liefdevol op zijn hoofd en zei: "Maak je geen zorgen, het jongetje dat je de bloem gegeven hebt, dat was ik, Krishna."

Jason

Het was de eerste keer dat Moeder New York bezocht. Op een morgen was ze net begonnen darshan te geven, toen ze naar een klein, blond jongetje wees die met zijn vader aan de andere kant van de kamer zat. Moeder zei tegen een brahmachari: "Dat kind heeft geen moeder. Amma voelt veel liefde en mededogen voor hem." Het jongetje was nog niet bij Moeder geweest en niemand had haar iets over hem verteld.

Na een tijdje wierp Moeder speels een chocolaatje door de kamer naar waar het jongetje zat. Hij glimlachte en at het chocolaatje op. Kort daarop wierp Moeder weer een chocolaatje tot halverwege de kamer. Hij kwam wat dichter naar Moeder toe en kreeg zijn tweede traktatie. Moeder herhaalde dit nog een paar keer en toen hij dichtbij genoeg was, stak moeder haar handen uit en pakte hem. Ze lachten allebei. Het jongetje voelde onmiddellijk een sterke band met Moeder.

Zijn vader kwam naar Moeder toe en legde uit dat zijn zoontje, Jason Richmond, die zes jaar oud was, zijn moeder verloren had toen hij pas acht maanden oud was. Dat hij 's nachts vaak huilend wakker werd en vroeg waarom hij geen moeder had. Moeder hield Jason in haar armen en zei: "Jason, ik ben je Moeder!" Jason keek vol verwondering naar Moeder. Hij dacht dat Moeder bedoelde dat ze zijn moeder was die hem ter wereld gebracht had. Zijn gezicht straalde van vreugde. Voor het eerst in zijn leven ervoer hij de liefde van een echte moeder, zijn eigen moeder. De daarop volgende dagen en tijdens haar bezoeken aan Amerika in de daarop volgende jaren overstelpte Moeder Jason met liefde en liet ze hem voelen dat ze inderdaad zijn echte moeder was.

Die eerste morgen vertelde Jasons vader aan Moeder ook dat Jason aan epilepsie leed, dat hij vaak aanvallen had en dat de medicijnen helemaal niet hielpen. Moeder gaf hem een stukje sandelhout en instrueerde hem hoe hij dat moest gebruiken[8]. Moeders instructies werden heel precies opgevolgd en van toen af had Jason geen aanvallen meer.

---

[8] In India maken mensen sandelhoutpasta. Moeder beveelt dat vaak aan voor allerlei kwalen.

Deel 3

Uitspraken van Moeder

1. Mijn kinderen, de maatschappij heeft mensen nodig zoals jullie, die jong en intelligent zijn. Jullie vertegenwoordigen de hoop en de toekomst van de wereld. Laat de bloem in jullie hart bloeien en zijn geur over de hele wereld verspreiden. Ga aan de slag en droog de tranen van hen die lijden, en verspreid het licht van de spiritualiteit.

2. Het is Moeders wens dat al Haar kinderen hun leven wijden aan het verspreiden van liefde en vrede over de hele wereld. Echte liefde en toewijding aan God betekent mededogen hebben met arme en lijdende mensen. Mijn kinderen, geef de mensen die honger hebben te eten, help de armen, troost de mensen die verdriet hebben, beur de mensen die lijden op, wees menslievend voor iedereen. Dat is Moeders boodschap voor jullie.

3. Goud is heel mooi en kostbaar. Stel je voor dat goud ook nog een geur had. Dan zou het nog veel waardevoller en aantrekkelijker zijn! Meditatie en andere spirituele oefeningen zijn echt heel waardevol, maar als we naast meditatie en aanbidding ook proberen kwaliteiten als liefde, mededogen en zorg voor onze medemens te ontwikkelen, is het als goud met een heerlijke geur, iets wat onvoorstelbaar speciaal en uniek is.

4. Er was eens een meester die een leerling had die niet graag aalmoezen aan de armen gaf. De meester wist dat en op een dag ging hij vermomd als bedelaar naar het huis van die leerling. Toen hij daar aankwam, was de leerling druk bezig met het aanbidden van de foto van de meester door er melk en fruit aan te offeren. De meester riep op de drempel: "Geef me uit liefde voor God een aalmoes." De leerling joeg hem weg en schreeuwde: "Er is hier niets voor jou te halen." De meester verwijderde onmiddellijk zijn vermomming. Toen de leerling zijn meester herkende, was hij vol berouw en vroeg om vergiffenis.

Veel mensen zijn als de leerling in dit verhaal. Ze offeren melk en fruit aan een afbeelding van God, maar weigeren ook maar een handjevol rijst te geven aan een hongerig mens, omdat ze zich niet realiseren dat God ook in die arme mens verblijft. Ze zijn wel bereid van een afbeelding van God te houden, maar niet van de levende God.

5. Kinderen, ook al hebben we niet de mogelijkheid anderen materieel te helpen, we kunnen ze op z'n minst een liefdevolle glimlach of een vriendelijk woord geven. Dat kost ons niets. Wat nodig is, is een meedogend hart. Dat is de eerste stap in het spirituele leven. Degenen die vriendelijk en liefdevol voor anderen zijn, hoeven niet rond te zwerven om God te zoeken, omdat God zal komen aansnellen naar het hart dat klopt met mededogen. Zo'n hart is Gods favoriete woonplaats.

6. *Moeder merkte op dat een brahmachari een bananenschil die al een hele tijd op de grond lag, niet opgeruimd had.*
Mijn zoon, je hebt die bananenschil niet opgepakt, hoewel je die daar zag liggen. Als je die daar laat liggen, kan iemand er per ongeluk over uitglijden en vallen. Dan is het jouw fout, nietwaar? Omdat jij hem zag liggen en niet verwijderd hebt.
Zo moet je ook goed op letten als je op straat loopt. Als er ergens glasscherven op de grond liggen, moet je ze weghalen, zodat anderen zich er niet aan bezeren. Egoïstisch ingestelde mensen kan het niets schelen, maar wij moeten ervoor zorgen dat zelfs mensen die egoïstisch zijn, niet gewond raken.

7. Waarom zeggen we 'Om Namah Shivaya' wanneer we mensen groeten? 'Om Namah Shivaya' betekent 'Gegroet O Shiva (De Welgezinde)'. Ieder menselijk wezen in deze wereld is een deel van God. Dus als we 'Om Namah Shivaya' tegen iemand zeggen,

zeggen we tegen hem: "Ik groet de Goddelijkheid in jou en ik wil dat je weet dat ik die Goddelijkheid liefheb en respecteer."

8. Er was eens een meisje uit een rijke familie. Ze raakte bevriend met een meisje van haar eigen leeftijd dat uit een heel arm gezin kwam en ook nog blind en verlamd was. Het rijke meisje hield van haar, ze was haar beste vriendin. Iedere dag speelde ze met het arme meisje en ze probeerde haar altijd op te vrolijken en aan het lachen te maken. Maar de vader van het rijke meisje was helemaal niet blij toen hij erachter kwam dat zijn dochter speelde met een meisje uit een arm gezin. Hij wilde dat ze dat meisje zou vergeten en in plaats daarvan bevriend zou raken met kinderen uit haar eigen milieu. Daarom nodigde hij de dochter van een van zijn rijke vrienden uit om met zijn dochter te komen spelen. Hoewel de twee meisjes goede vriendinnen werden, hield het meisje toch veel meer van haar kleine blinde vriendin en wilde veel liever bij haar zijn. Toen haar vader dit ontdekte vroeg hij haar: "Waarom wil je vriendin zijn met een meisje dat zo arm is, terwijl je al het dochtertje van mijn rijke vriend als vriendin hebt?" Ze antwoordde: "Papa, ik vind dat andere meisje echt heel aardig, maar ze heeft volop speelgoed en andere vriendinnen om mee te spelen. Mijn vriendin hier is helemaal alleen. Als ik niet van haar hou en een beetje aardig tegen haar ben, heeft ze niemand die om haar geeft. Ik wil haar helpen."

Kinderen, we moeten er altijd aan denken dat alle mensen hetzelfde zijn, zowel de mensen hoog op de maatschappelijke ladder als die onderaan. Maar het bestaan van degenen die uiterst arm zijn, hangt van de liefde en het mededogen van anderen af. Een rijk iemand heeft gewoonlijk veel ondersteuning van anderen, maar op een heel arm iemand kijkt haast iedereen neer, behalve een paar goedhartige mensen.

9. Alle dingen, zoals geld en wereldse voorwerpen, zijn voorgoed verdwenen als je ze weggeeft, maar niet de liefde. Hoe meer liefde je geeft, des te meer zal je hart vervuld worden van liefde. Liefde is als een nooit eindigende stroom. Moeder wil dat al haar kinderen een bron van liefde worden, altijd liefde en mededogen onder hun medemensen verspreiden en daardoor anderen leren hetzelfde te doen.

10. Iemand vroeg moeder: "Waarom houdt God zich stil als mensen zoveel lijden. Kan hij niet iets doen om het lijden weg te nemen?"

Maar God *heeft* er iets aan gedaan. Hij heeft *ons* geschapen in de hoop dat wij iets zouden doen om degenen die lijden te helpen. We moeten aan die mensen denken. We moeten proberen hun lijden te voelen. We moeten proberen ons in hen te verplaatsen. We zijn geneigd alleen aan onze eigen problemen te denken. De problemen van anderen interesseren ons niet en we voelen ook geen mededogen. Dat is ons grootste probleem.

11. Er was eens een koning wiens land voortdurend aangevallen werd door buurlanden en hij verloor altijd van hen. Doordat ze de grenzen van zijn land aanvielen, verloor hij beetje bij beetje zijn koninkrijk. Op een dag vond hij dat hij het niet meer kon verdragen. Hij besloot het op te geven. Hij deed afstand van zijn verplichtingen als koning en trok zich terug in een bos. Hij voelde zich erg depressief.

Op een dag zag hij een spinnetje dat een web probeerde te weven tussen twee takken van een boom. Steeds opnieuw probeerde de spin de draden vast te maken tussen de takken, maar zonder succes omdat het spinnenweb steeds scheurde. Maar hoewel het de spin alsmaar niet lukte, weigerde hij het op te geven. De koning raakte steeds meer geboeid toen hij naar het kleine insect keek dat ijverig doorwerkte. De spin sprong zelfs naar de andere tak en probeerde het web vanaf de andere kant te verbinden. Uiteindelijk, na veel pogingen, lukte het de spin om een sterk, prachtig web te spinnen en te weven tussen de twee takken.

De koning leerde een geweldige les van dat spinnetje. Hij dacht: "Als zelfs een ogenschijnlijk onbetekenend spinnetje zo hard zijn best kan doen zonder het op te geven, dan moet ik zeker hetzelfde kunnen doen en harder aan mijn koninklijke verplichtingen werken zonder het op te geven en als een lafaard weg te rennen als het moeilijk wordt." En dus ging de koning terug naar zijn koninkrijk en nam zijn rol als koning weer op zich. Van toen af weigerde hij het op te geven. Alleen door vastberadenheid versloeg hij dapper alle buurlanden die hadden geprobeerd zijn koninkrijk aan te vallen, tot ze hem niet langer meer aan durfden te vallen. Uiteindelijk was er vrede in zijn land. Hij bestuurde zijn koninkrijk vele jaren rechtvaardig en wijs en vergat nooit de les die de kleine spin hem eens geleerd had.

12. Geen enkel werk is onbelangrijk of zinloos. Het gaat om de hoeveelheid liefde waarmee je het werk doet, in hoeverre je het met je hart doet. Dat maakt het waardevol en mooi.

13. Meester worden over je geest is het belangrijkste onderwijs dat je kunt krijgen. Dat is spiritueel onderwijs.

14. Zelfs het "egoïsme" van een spiritueel iemand zal de wereld van nut zijn. Er waren eens twee jongens die in een dorp woonden. Een rondreizende monnik had ze allebei wat zaden gegeven. De ene jongen roosterde zijn zaden en at ze op om zo zijn honger te stillen. Hij was werelds ingesteld. De andere jongen zaaide zijn zaden in de grond en kreeg daardoor veel graan, dat hij aan de hongerige mensen gaf. Hoewel beide jongens in het begin het egoïsme hadden om te accepteren wat hun gegeven werd, hadden veel mensen profijt van de houding van de tweede jongen.

15. Je hart is een altaar en dat is de plek waar God geïnstalleerd moet worden. Goede gedachten zijn de bloemen die je God aanbiedt, goede daden zijn je verering van hem, steeds wanneer je vriendelijk tegen anderen praat, zing je Gods lof en je liefde is het heilige voedsel dat je hem aanbiedt.

16. Kinderen, jullie moeten nooit iets doen wat iemand pijn of lijden kan bezorgen. Zulke daden zullen een slecht effect op jullie hebben. Als we iemand kwetsen, is die persoon vaak onschuldig. Met pijn in hun hart zullen zulke mensen uitroepen dat jullie hen gekwetst hebben, hoewel ze niets verkeerds gedaan hebben. Hun gedachten en gebeden zullen een uitwerking op jullie hebben en zullen later de oorzaak van jullie lijden worden. Daarom wordt er zo de nadruk op gelegd dat men anderen nooit mag kwetsen in gedachten, woorden of daden. Ook al kunnen we anderen geen plezier doen, we moeten hen op zijn minst geen pijn doen. Als we in dat opzicht zorgvuldig zijn, zal Gods genade met ons zijn.

17. Een minister bracht eens een bezoek aan een dorp, dat het smerigste dorp in het hele land was. Hij bracht de nacht door als gast van de burgemeester van het dorp. Bergen afval lagen overal langs de weg opgehoopt en de open riolen zaten vol smerig, stilstaand afvalwater. In het hele dorp hing een vreselijke stank.

De minister vroeg aan de burgemeester waarom het er zo smerig was. De burgemeester zei: "De mensen van dit dorp zijn dom. Ze snappen niets van netheid. Het kan ze gewoon niets schelen. Ik heb geprobeerd het ze te leren, maar ze willen niet luisteren. Ik heb ze gezegd dat ze het dorp schoon moeten maken, maar dat doen ze niet. Daarom heb ik het opgegeven." De burgemeester bleef maar doorgaan met het zwart maken van de dorpsbewoners. De minister luisterde geduldig zonder iets te zeggen. Ze gebruikten de avondmaaltijd en toen ging de minister naar bed.

De volgende ochtend vroeg, toen de burgemeester wakker werd, wilde hij de minister uitnodigen voor het ontbijt, maar hij ontdekte dat zijn gast weg was. De burgemeester zocht overal en vroeg zijn dienaren of zij de minister hadden gezien, maar niemand wist waar hij was. Iedereen begon naar hem te zoeken. Uiteindelijk vond de burgemeester hem. De minister was buiten op straat helemaal in zijn eentje het vuilnis aan het opruimen. Hij maakte een grote hoop van het afval en stak het in brand. Toen de burgemeester dit zag, schaamde hij zich. Hij dacht bij zichzelf: "Hoe kan ik hier staan te niksen, als de minister zelf zo hard aan het werk is?" Dus deed hij mee en begon ook het dorp schoon te maken. Toen de dorpelingen op straat verschenen, waren ze verbaasd toen ze zagen dat de twee mannen zulk smerig werk deden. Ze vonden dat ze niet zomaar konden blijven toekijken terwijl de minister en de burgemeester het dorp aan het schoonmaken waren. Dus gingen ze ook meedoen. In een mum van tijd was het hele dorp brandschoon. Al het vuilnis was verwijderd en de riolen waren schoon. Er was geen spatje vuil meer te zien. Het hele dorp zag er totaal anders uit.

Kinderen, iemand iets leren door je eigen voorbeeld kost veel minder tijd dan te proberen iets over te brengen door erover te preken. Loop niet rond met een wijzend vingertje naar anderen door ze te bekritiseren omdat ze niet doen wat er gedaan moet worden. Neem zelf het initiatief en geef het goede voorbeeld door het zelf te doen. Dan zullen de anderen vanzelf je voorbeeld volgen. Anderen de schuld geven zal niemand veranderen. Als je anderen bekritiseert, zal je eigen geest vervuild worden en daar komt niets goeds uit voort. Er zijn daden nodig. Alleen als jij zelf iets onderneemt, zal er iets ten goede veranderen.

18. We moeten altijd anderen hun fouten vergeven. Als mensen kritiek op ons hebben en ons de schuld geven van iets wat we niet gedaan hebben, reageren we daar gewoonlijk op door boos te worden. We moeten ze gewoon vergeven. God test ons en Hij test ook degenen die ons beledigen. Word nooit boos op iemand.

19. Degenen die anderen uit egoïsme kwaad doen, graven in feite een kuil waar ze zelf in zullen vallen. Het is als spugen in de lucht terwijl je op je rug ligt: het spuug zal op je eigen gezicht terechtkomen.

20. Kinderen, mislukkingen horen nu eenmaal bij het leven. Stel dat je over iets struikelt en valt. Dan zeg je toch ook niet tegen jezelf: "Okay! Nu ik gevallen ben, blijf ik hier voor altijd op de grond liggen. Ik sta niet meer op en ga niet meer verder." Het zou dwaas zijn om zo te denken, nietwaar?

Een kleine dreumes zal ontelbare keren vallen voordat hij geleerd heeft goed te lopen. Op dezelfde manier horen mislukkingen gewoon bij het leven. Vergeet niet dat elke mislukking de boodschap van mogelijk succes in zich houdt. Zoals een dreumes zal vallen, voordat hij geleerd heeft met stevige stappen te lopen, zijn onze eigen mislukkingen het begin van onze weg omhoog naar de uiteindelijke overwinning. Er is dus geen reden om teleurgesteld of gefrustreerd te zijn.

21. Er was eens een man die de trein instapte met een grote, zware koffer op zijn hoofd. Nadat de trein zich in beweging had gezet, begon de man, gebukt onder het gewicht van zijn koffer, te kermen: "Allemachtig, deze bagage is veel te zwaar om te dragen."

Een passagier in de buurt die dat hoorde, vroeg hem: "Maar waarom zet je je bagage dan niet neer? Laat de trein het gewicht voor je dragen."

Zo hoeven we ook niet meer bezorgd te zijn om ons leven, als we alles neerleggen aan Gods voeten. God zal al onze lasten voor ons dragen.

22. Als we naar het leven van Rama, Krishna, Buddha en Jezus Christus kijken, kunnen we zien dat ze veel hindernissen in hun leven ondervonden. Maar omdat ze met geduld en enthousiasme te werk gingen, slaagden ze.

Natuurlijk zullen sommige mensen tegenwerpen dat zij grote mahatma's waren en dat wij niet met hen te vergelijken zijn, dat wij maar gewone mensen zijn, dus hoe kunnen wij proberen net als zij te zijn? Maar Moeder zegt dat we geen gewone mensen zijn. We zijn heel bijzonder. Er is een oneindige kracht in ieder van ons. We zijn geen kleine batterijen, we hebben een directe verbinding met de Krachtbron zelf. We moeten leren deze kracht tot uitdrukking te brengen, te versterken en te verwerkelijken. Dan zullen ook wij succesvol zijn in het leven.

23. Kinderen, als ieder van ons zich inspant, kunnen we verlost worden van de armoede in ons land.

24. Als er ten minste twee jongeren in ieder dorp of buurt zijn die de wereld proberen te dienen en het initiatief nemen om dienstverlenende activiteiten te organiseren en spirituele wijsheid te verspreiden, dan zal de wereld ten goede veranderen.

25. We kunnen zoveel leren van het voorbeeld van de natuur door te kijken en te observeren hoe gemakkelijk de natuur hindernissen te boven komt. Als er b.v. een steen in de weg ligt van een klein miertje, loopt het diertje er gewoon overheen of omheen en vervolgt dan zijn weg. Of als er een rotsblok in de weg ligt van een boom die daar groeit, zal de boom gewoon om de rots heen groeien. Op dezelfde manier stroomt het water in een rivier om een houtblok of een groot rotsblok dat in de weg ligt. Ook wij moeten leren ons aan te passen aan alle omstandigheden in het leven en leren ze met geduld en enthousiasme te overwinnen.

26. Als iemand tegen ons uitvaart of ruzie met ons maakt, worden we boos op hem. Misschien vallen we hem uit vijandigheid zelfs fysiek aan. Maar de wijzen voelen voor niemand vijandschap. Ze houden zelfs van degenen die tegen hen zijn. Zo waren de wijzen en andere edele karakters uit de Indiase heldendichten.

27. Als een zaadje wil uitgroeien en een grote boom worden, moet het eerst onder de grond gaan. Alleen door bescheidenheid en nederigheid kunnen we spiritueel groeien. Trots en egoïsme zullen ons alleen maar vernietigen. Wees liefhebbend en vol mededogen, met de houding dat je de dienaar van iedereen bent. Het hele universum zal dan voor je buigen.

28. In een cycloon worden grote bomen ontworteld en storten gebouwen in. Maar hoe sterk de wervelstorm ook is, het kan een eenvoudig grassprietje niet deren. Dat is de grootsheid van nederigheid.

29. Kinderen, als je de deur uit gaat voor een boodschap, groet dan eerst je ouders. Maak er een gewoonte van om je ouders goedendag te zeggen voor je 's morgens naar school gaat. God stort zijn genade overvloedig uit over degenen die nederig zijn.

30. Deze wereld heeft dienaren nodig, geen leiders. Iedereen wil leider worden, maar we hebben genoeg leiders die geen echte leiders zijn. Laten we in plaats daarvan echte dienaren worden, want dat is de enige manier om een echte leider te worden.

31. God bevindt zich in alles, niet alleen in menselijke wezens. God bevindt zich in de bergen, de rivieren en de bomen, in de vogels en de dieren, in de wolken, de zon, de maan en de sterren.

Alles in de natuur heeft een bepaald doel. Er zijn geen vergissingen in Gods Schepping. Ieder schepsel en elk voorwerp dat

God geschapen heeft, is volkomen uniek. Hoe kan iemand die dit begrijpt, ooit willen doden en vernietigen?

32. Kinderen, denk eens aan de prachtige wonderen van de natuur. Kamelen zijn gezegend met een speciale zak waarin ze water kunnen opslaan gedurende hun lange tochten door de woestijn. De kangoeroe heeft een ingebouwde wieg, zodat ze haar baby overal waar ze heengaat, mee kan nemen. Zelfs de schepselen die schijnbaar het onbelangrijkst zijn, zelfs de schadelijke, hebben een speciale rol te vervullen in de wereld. Spinnen bijvoorbeeld houden de insectenpopulatie in evenwicht, slangen zorgen ervoor dat er niet te veel ratten komen, en zelfs het nietige plankton in de zee dient als voedsel voor de walvissen. Veel planten zien er uit als nutteloze onkruiden, maar er kunnen medicijnen van gemaakt worden, die vreselijke ziektes kunnen genezen. We weten niet waar alles voor dient. Moeder Natuur is een mysterie voor ons. Zonder de natuur zou er geen schepsel, geen menselijk wezen of iets anders kunnen leven. Dus is het onze plicht om liefdevol voor alle levende dingen te zorgen.

33. Planten en bomen hebben ook gevoelens. Ze kunnen zelfs bang zijn. Wanneer iemand met een bijl naar een boom toeloopt, is de boom zo bang dat hij trilt. Je kunt het niet zien, maar als je een meelevend hart hebt, zul je het voelen.

34. Ervaring is de leraar van iedereen. Lijden is de leraar die je dichter bij God brengt, mijn kinderen.

35. Zie het goede in iedereen. Wees als de honingbij die alleen maar honing verzamelt, waar hij ook heengaat.

36. We worden mentaal zwak als we naar de fouten van anderen kijken, maar we stijgen naar een hoger niveau als we ervoor kiezen het goede in iedereen te zien. Wie het ook mag

zijn, wanneer we zeggen dat iemand slecht is, zijn we zelf al slecht geworden. Laat negenennegentig procent van iemand verkeerd zijn, dan moeten we toch het ene goede procent in hem zien. Dan zullen we zelf goed worden. Als we naar de negatieve kant van iemand kijken, verlagen we onszelf. We moeten altijd bidden: "O God, laat mijn ogen alleen maar het goede in iedereen zien. Geef me de kracht om de wereld onzelfzuchtig te dienen." Alleen door zo'n houding van zelfovergave kunnen we echte innerlijke rust ervaren. Zo moeten we langzaam proberen goede dienaren van God te worden.

37. Stel dat we in een kuil vallen. Worden we dan boos op onze ogen en steken we erin omdat ze ons niet goed geleid hebben? Nee, natuurlijk niet. Zoals wij geduldig de fouten verdragen die door onze eigen ogen gemaakt worden, moeten we ook met anderen geduld hebben als ze falen en fouten maken, en moeten we altijd aardig voor hen zijn.

38. Zelfs als iemand een boom omkapt, geeft de boom hem schaduw. Zo moet een spiritueel iemand zijn. Alleen iemand die voor het welzijn van anderen bidt, zelfs voor degenen die hem leed berokkenen, kan echt spiritueel genoemd worden.

39. Als iemand honderd dingen goed doet en slechts één fout maakt, zullen de mensen hem verachten en verwerpen. Maar als iemand honderd fouten maakt en maar één ding goed doet, zal God van hem houden en hem accepteren. Daarom moet je je alleen maar met God verbinden. Draag alles aan hem op.

40. Er is maar één God. Melk heeft verschillende namen in verschillende talen. Iemand uit Kerala noemt het 'paal', een Engelsman noemt het 'milk'. Mensen die verschillende talen spreken, hebben andere namen voor melk. Wat de naam ook

mag zijn, de kleur en de smaak zijn hetzelfde. Christenen noemen God Christus; moslims noemen hem Allah; hindoes kunnen hem Shiva, Krishna of de Goddelijke Moeder noemen. Het is dezelfde God. Iedereen begrijpt God volgens zijn eigen cultuur en aanbidt hem in overeenstemming daarmee.

41. Zelfs kleine kinderen kunnen profiteren van de beoefening van meditatie. Hun intellect zal briljant worden en ze zullen een geweldig goed geheugen ontwikkelen. Dat zal hen enorm helpen bij hun studie.

42. Mediteren en spirituele oefeningen betekent niet alleen met gesloten ogen in de lotushouding zitten. Het betekent ook onzelfzuchtige dienstverlening aan mensen die lijden, het troosten van degenen die in de ellende zitten, naar iemand glimlachen en een paar vriendelijke woorden zeggen.

43. Het kan mensen vaak niets schelen dat anderen het moeilijk hebben. Hun houding is: "Laat iemand anders maar lijden, zolang ik het maar niet ben." Laten we deze houding veranderen. Laten we in plaats daarvan oprecht wensen dat niemand in de wereld hoeft te lijden. Laten we niet denken: "Waarom ik?" maar eerder: "Waarom zou er iemand moeten lijden?" Laten we leren anderen voorop te stellen.

44. Nederigheid is het teken van echte kennis.

45. We zijn allemaal verschillende vormen van het ene Zelf, zoals dezelfde toffees, verpakt in verschillend gekleurd papier. De toffee in een groen papiertje zegt misschien tegen de toffee in een rood papiertje: "Ik ben anders dan jij." En de toffee in het rode papiertje zegt misschien tegen die in een blauw papiertje: "Jij en ik zijn verschillend." Maar wanneer de papiertjes eraf zijn gehaald, zijn alle toffees precies hetzelfde. Op dezelfde manier is

er geen werkelijk verschil tussen mensen. Of we nu rijk of arm zijn, bruin of wit, knap of lelijk, gezond of ziek, van binnen zijn we allemaal hetzelfde. Maar dat vergeten we en we worden misleid door wat we aan de buitenkant zien. Door dit waanidee scheppen we problemen in de huidige wereld.

46. Moeder wil heel graag dat al haar kinderen zo zuiver worden, dat ze licht en liefde verspreiden naar iedereen die ze ontmoeten. De wereld heeft nu geen predikers, maar levende voorbeelden nodig.

47. Kinderen, denk er altijd aan dat de wereldfamilie, de familie van de mensheid, je werkelijke familie is. Als je je linkerhand verwondt, zal je rechterhand te hulp komen. Dat komt doordat beide handen deel zijn van je eigen lichaam. Je voelt dat je er één mee bent. Met dezelfde eenheidsgeest moeten we al onze broers en zusters in de wereld dienen en van hen houden. We moeten hun hun fouten vergeven, en we moeten zelfs bereid zijn om voor hen te lijden. Dat is de essentie van spiritualiteit.

48. Kinderen, probeer eerst jezelf te verbeteren in plaats van naar anderen te wijzen en ze te bekritiseren.

49. Er is liefde en Liefde. Je houdt van je familie, maar je houdt niet van je buren. Je houdt van je vader en moeder, maar je houdt niet van iedereen zoals je van je vader en moeder houdt. Je houdt van je godsdienst, maar je houdt niet van alle godsdiensten. Je kunt zelfs een hekel hebben aan mensen van een ander geloof. Je houdt van je land, maar je houdt niet van alle landen. Dat is geen echte Liefde, het is alleen maar beperkte liefde. Het doel van spiritualiteit is de transformatie van deze beperkte liefde in Goddelijke Liefde. In de volheid van de Liefde bloeit de prachtige, geurige bloem van mededogen.

50. Als je één stap naar God zet, zul je ervaren dat God honderd stappen naar jou zet.

Om Amriteshwaryai Namaha

www.ingramcontent.com/pod-product-compliance
Lightning Source LLC
Chambersburg PA
CBHW070609050426
42450CB00011B/3021